は じ め に

　社会福祉士・精神保健福祉士の養成カリキュラムが改正されました。地域福祉の時代に対応できる福祉専門職養成が一層意識され，時代の要請に応じたカリキュラム改正といえます。

　日本の社会福祉は，地域福祉の時代にあり，「地域共生社会」が強調されています。地域に存在する複雑，かつ深刻化した社会問題や人々の生活上抱える問題に対応すべく，そして高齢，障害，児童，貧困など特定の分野（領域）だけに目を向けるのではなく，分野横断を視野に入れた包括的な支援，地域住民や多職種・多機関との連携が求められているのです。

　このような時代背景の中，この地域共生社会の実現に向けてソーシャルワーク専門職である社会福祉士・精神保健福祉士の果たすべき役割がますます重要視され，今般のカリキュラム改正に至ったといえます。

　今回のカリキュラム改正において，「相談援助」から「ソーシャルワーク」に科目名称が置き換えられたこと，「地域福祉と包括的支援体制」の科目が設けられたこと，「社会福祉の原理」をしっかり学ぶということが再確認されたことが特徴として挙げられます。これらの中で特に，「ソーシャルワーク」という名称が正式に用いられたことに大きな意味を感じています。この「ソーシャルワーク」機能を果たすことのできる福祉専門職養成において，とりわけ社会福祉士においては，機能の異なる2種の実習先での実習が義務づけられました。そして実習時間も180時間から240時間へと増加しました。精神保健福祉士はこれまでも2カ所実習となっていましたので，さまざまな分野で活躍できるソーシャルワーカー養成として実習教育が重視されていることがうかがえます。

　クライエントや家族に焦点を当てた支援から，地域にも目を向けた分野横断による包括的支援，多職種連携を視野に入れたソーシャルワーク実習をより効果的に実施していくために，「関西福祉科学大学社会福祉実習教育研究会」を立ち上げ，教員とソーシャルワーク実習の受け入れ先である実習指導者様との協働で今般，『ソーシャルワーク実習ハンドブック』を企画・出版する運びとなりました。

　本書は，学生がソーシャルワーク実習開始前，実習中，実習後にわたって継続的に学ぶことができ，さらに随所に演習やワンポイントアドバイスを盛り込み，学生が主体的に学べる構成となっています。また，本書に掲載されている事例は，大幅な改変を加えたものや，著者が創作したものであることを申し添えておきます。本書が次代を担うソーシャルワーカー養成において実習教育の一助となれば幸いに存じます。

2022年3月

津田耕一

目　次

ワンポイントアドバイス

1　ソーシャルワーカーの仕事を教えて下さい

2　現場実習で地域に目を向ける大切さとは何ですか

3　「倫理綱領」って何ですか

4　精神保健福祉士と社会福祉士との違いは何ですか

5　実習を上手に進めるためにはどうすればよいですか

6　施設見学のポイントを教えて下さい

7　施設見学で意識した方がよいことは何ですか

8　事前学習を行う際に資料をどこから集めればよいですか

9　なぜ社会に関心や興味をもつことが大切なのですか

10　なぜ実習に行くのかを改めて教えて下さい

11　実習先から「困る」と思われる実習生の例を教えて下さい

12　「報連相（ほうれんそう）は重要」と聞くけれど，それはなぜですか

第 1 章

ソーシャルワーク実習の
大切さを理解しよう

1 ソーシャルワーク実習の意義

　ソーシャルワーカーとは，地域で暮らす人々が生活していく上で直面する課題を解決もしくは緩和するための支援を行う専門職です。そしてソーシャルワーカーが向き合うことになる人々の生活や人生は，多様であり，かつ複雑なものです。また人々が抱える生活上の課題においても，身体的な問題だけでなく，心理的な問題，経済的な問題，環境上の問題などさまざまな要因が複雑に絡み合っているケースも珍しくありません。

　そのためソーシャルワーカーには，人々が抱える複雑な生活上の課題を読み解き，解決するための知識や理論を学ぶことが求められており，これを応用しつつ，適切な支援を展開することが期待されています。

　一方で，ソーシャルワーカーを養成する大学や専門学校といった養成校のカリキュラムをみると，その内容は「講義」「演習」「実習」の3つから成り立っていることがわかります。講義とは座学とも呼ばれ，専門的な知識や理論などを学ぶ機会となっています。演習は，講義で学んだ内容について，事例などを用いてより実践に近いかたちで，体験的に学習を進める機会となっています。そして実習は，施設や機関といった福祉の実践現場に出向き，その中でのさまざまな体験を通して，講義や演習で学んだ内容をより深く学ぶことのできる機会となっています。

　このように「講義」「演習」「実習」の3つの学習機会は相互に関連しており，さらに実習を終えた後に実習で学んだ内容について，講義を通して再度捉えなおすといったような循環型の教育がソーシャルワーカーの養成教育の中で行われています（図1-1）。よってソーシャルワーク教育における実習とは，専門職として欠くことのできない専門的な知識や理論について，頭の中での理解を超えて，実践に結びつけることのできる有用な機会であり，ソーシャルワーカーとして求められる実践力を養うことのできる場であるといえます。

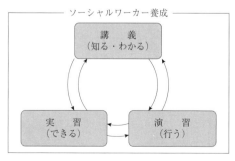

図1-1　ソーシャルワーク教育の枠組み
出所：筆者作成。

ワークシート1

①　あなたが将来，どのようなソーシャルワーカーになりたいのかを具体的にイメージし，その内容を書き出してみましょう。

----

②　本章2の（2）「ソーシャルワーク実習を通して得られるもの」（5頁）で示されたソーシャルワーク実習の目的とあなたが抱いた①のイメージを照らし合わせ，特により学びを深めたいと感じたことを書き出してみましょう。

1：---
2：---
3：---

③　あなたが在籍している養成校で，すでに受講した講義科目や演習科目のシラバス（授業内容）を確認して，②で書き出したことと関連がありそうな内容を探してみましょう。そして関連があると思われる授業内容の教科書やノート，資料を確認し，その内容の要約を書き出してみましょう。

②-1の内容
②-2の内容
②-3の内容

┌─ 1　ソーシャルワーカーの仕事を教えて下さい ─┐

　生活の中で，さまざまな悩みや不安を抱えていたり，実際に困っている人に対して，相談援助技術を用いて支援する専門職です。地域や家庭において困難を抱えていたり，課題を感じている人はたくさんいます。時代の変化に応じて，価値観や考え方はどんどん変わっていきますが，誰もが自分らしい生活と向き合えるために，ソーシャルワーカーは一人ひとりのクライエントと向き合い，一緒に考え，寄り添いながら支援します。

2 ソーシャルワーク実習の目的

1 ソーシャルワーク実習のねらい

　2021年度より，社会福祉士及び精神保健福祉士養成の教育内容が見直され，新しいカリキュラムがスタートすることになりました。ここでは，ソーシャルワーク実習のねらいを整理するために，社会福祉士のカリキュラム改正に目を向けてみたいと思います。

　まず今回，カリキュラム改正が行われたその契機は，2018年に社会保障審議会福祉部会福祉人材確保専門委員会から「ソーシャルワーク専門職である社会福祉士に求められる役割等について」と題する報告書が発表されたことにあります。近年，日本において，地域共生社会を創り上げていくことが目指されていますが，この報告書では多様化・複雑化した地域課題に対応することのできる実践力を備えたソーシャルワーカーを養成することが，地域共生社会の実現につながると言及されています[(1)]。そしてこの報告書の提言を受け，今回のカリキュラム改正は地域共生社会の実現に資する実践力を備えたソーシャルワーカーを養成することを目的として行われました。

　今回のカリキュラム改正において注目すべき点は，実習時間数が180時間から240時間に拡充されたことが挙げられます。また従来のカリキュラムでは，「相談援助実習」と呼ばれていた実習の名称が，「ソーシャルワーク実習」に改められました。相談援助という言葉は対人支援としてのミクロレベルでの領域の実践に力点がおかれた用語といえます。一方で，ソーシャルワークという言葉は，ミクロレベルでの支援だけでなく，地域課題の解決や社会変革にも目を向けたメゾ及びマクロレベルの実践にも焦点が当てられています。

　今回の改正に関わる議論においては，現状のサービスでは解決できない問題や潜在的なニーズに対応するために，①多職種・多機関と連携や交渉を行い，支援をコーディネートしながら課題解決ができることに加え，②地域に必要な社会資源を開発できる実践能力を有する人材を，実習を通して養成していく必要があると言及されています[(2)]。

　つまり，今回のカリキュラム改正で新たに設けられたソーシャルワーク実習は，従来の狭い意味での対人支援という枠組みを超え，福祉ニーズを総合的・包括的に捉え，人々とそれを取り巻く環境に働きかけ，多様な社会資源を活用・開発していく実践力を養うことが求められているわけです。ここまで社会福祉士におけるカリキュラム改正の動向をみてきましたが，精神保健福祉士においても，社会福祉士と同様，ソーシャルワークを担う専門職であることから，ソーシャルワーク実習のねらいは両資格ともに本質

的に同様であるといえます。

2　ソーシャルワーク実習を通して得られるもの

　ソーシャルワーク実習は，現場に身を置くことで，専門職であるソーシャルワーカーとして求められる知識・技術・価値をより実践的に習得することのできる貴重な機会です。ソーシャルワーク実習の目的は，以下の通りです。

① 　実習先である施設・機関等が地域の中で果たす役割や機能を理解する
② 　利用者・家族・地域住民の生活状況について理解し，生活上の課題（ニーズ）を把握する
③ 　実習先の地域におけるフォーマル・インフォーマルな社会資源を整理する
④ 　生活上の課題（ニーズ）に対応するため，社会資源を活用した支援計画の作成，実施及び評価を行い，課題解決に必要な洞察力を養う
⑤ 　ソーシャルワーカーが担う多職種・多機関，地域住民等との連携のあり方について実践的に理解する
⑥ 　ソーシャルワーカーとしての価値と倫理に基づく支援を行うための実践能力を養う

　これまでソーシャルワーク実習は，専門職として必要となる実践力を習得するための場として位置づけられていることをみてきましたが，それ以外にも違った側面から実習を捉えることもできます。例えば，ソーシャルワーク実習とは，実習生からすれば，普段あまりみることのない現場の空気に触れ，そこでの業務を体験することができることから，自分自身の将来を考えるきっかけになるといえます。また自分自身が将来，ソーシャルワーカーとして現場で働く上での適性を改めて考える機会にもなります。さらに，実習での体験は，専門職としての実践力を養うだけでなく，実習生自身の人間としての成長にもつながる機会となります。このようにソーシャルワーク実習の醍醐味は，多岐にわたっています。

2　現場実習で地域に目を向ける大切さとは何ですか

　バイスティックの7原則の一つに個別化の原則がありますが，人間だけではなく地域にも個別性はあります。実習先となる施設・機関によっては，それぞれの所在地の地域特性によるニーズを把握し，それに合わせた活動を行っていることもあります。人口や高齢化率，周辺に同種の施設・機関があるのか，など実習先の地域がどのような場所なのかを調べ，現場の実践との関係性を考察することで地域レベルでの支援の個別性を知ることができます。

注

⑴　社会保障審議会福祉部会福祉人材確保専門委員会「ソーシャルワーク専門職である社会福
祉士に求められる役割等について」2018年，1頁。

⑵　同前書，9頁。

第 2 章

社会福祉士・精神保健福祉士 を理解しよう

1 社会福祉士

1 社会福祉士とは──誕生の背景と法に規定された定義

　1980年代以降急速に高まった高齢化問題や多様な福祉ニーズへの対応といった時代背景の中，民間活力の導入が議論されました。社会福祉士は，民間企業やNPO法人等が福祉サービスを提供するに際しても，福祉サービスの質を確保する必要性から介護福祉士と共に国家資格として誕生しました。

　社会福祉士及び介護福祉士法第2条には「第28条の登録を受け，社会福祉士の名称を用いて，専門的知識及び技術をもつて，身体上若しくは精神上の障害があること又は環境上の理由により日常生活を営むのに支障がある者の福祉に関する相談に応じ，助言，指導，福祉サービスを提供する者又は医師その他の保健医療サービスを提供する者その他の関係者との連絡及び調整その他の援助を行うことを業とする者をいう」と規定されています。社会福祉士国家試験合格後に，「公益財団法人社会福祉振興・試験センター」に登録をして社会福祉士を名乗ることができます。社会福祉士でない者が社会福祉士を名乗ることはできませんので，名称独占といわれています。

2 社会福祉士の役割

　社会福祉士は，社会福祉のほぼ全領域に対応可能な国家資格を有するソーシャルワーカーといえるかもしれません。地域共生社会が望まれる中，複雑に入り組んだ人々の生活上の問題を包括的に捉え生活問題に対応していくために，社会福祉士の果たす役割が重要視されています。さまざまな専門職や関係する人々がチームとして包括的に支援することが必要となります。社会福祉に関する相談支援のほか，チームアプローチのコーディネーターとしての役割が期待されています。まさに，地域住民や福祉サービス利用者の権利擁護者（アドボケーター）ともいえます。幅広い分野で活躍する社会福祉士は，ソーシャルワークの共通基盤をしっかりと理解するよう努めなければなりません。

　社会福祉士となった後も，専門職として自己研鑽することが求められます。「公益社団法人日本社会福祉士会」に所属するなどして，最新の情報を得ることや，学習を積み重ねることにより，社会福祉士の倫理綱領を遵守できる専門職として社会福祉に貢献できる専門職を目指しましょう。

3　社会福祉士の働く場

　社会福祉士は社会福祉の領域全般にわたって活躍しています。具体的には，医療機関，児童相談所や福祉事務所などの行政機関，地域包括支援センターや障害者の相談支援事業所，児童家庭支援センターといった相談機関，社会福祉協議会での働きが期待されています。また，特別養護老人ホーム，介護老人保健施設，児童養護施設，母子生活支援施設，児童心理治療施設，児童自立支援施設，保育所，児童発達支援センター，救護施設，障害児者入所施設や障害福祉サービス提供事業所などの社会福祉施設，学校教育機関，司法福祉分野の矯正施設，更生保護施設，地域生活定着支援センターがあります。また，福祉サービスを提供している民間企業などもあります。さらに，社会福祉士事務所を個人開業するなど独立型の社会福祉士として活躍している社会福祉士もいます。今後ますます社会福祉士の活躍する職域は拡大していく方向にあります。

ワークシート 2-1

① あなたは，なぜ社会福祉士を目指そうとしているのでしょうか。その想いを書いてみましょう。

----

② 社会福祉士が活動する事例を調べ，それを参考に，社会福祉士の役割をまとめてみましょう。

----

③ ソーシャルワークの国家資格ともいえる社会福祉士として大切にしなければならないことはどのようなことだと思いますか。

----

2 精神保健福祉士

1 精神保健福祉士法にみる精神保健福祉士

　精神保健福祉士は，精神保健福祉領域での国家資格のソーシャルワーカー（MHSW: Mental Health Social Worker）(1) です。精神保健福祉士は，精神保健福祉士法第2条には「精神保健福祉士の名称を用いて，精神障害者の保健及び福祉に関する専門的知識及び技術をもって，精神科病院その他の医療施設において精神障害の医療を受け，又は精神障害者の社会復帰の促進を図ることを目的とする施設を利用している者の地域相談支援の利用に関する相談その他の社会復帰に関する相談に応じ，助言，指導，日常生活への適応のために必要な訓練その他の援助を行うことを業とする者」と規定されています。

　1960～1970年代，日本では社会防衛，治安対策として精神障害者への隔離・収容が行われていましたが，宇都宮病院事件（1984年）を契機として人権擁護への声が高まったことで，人権確保と社会復帰の促進を理念とした精神保健法が制定（1987年）されました。そして，それまで医療対象としての「患者」であった精神障害者が，障害者基本法（1993年）で福祉対象としての「障害者」に位置づけられました。これを受けて精神保健法が精神保健及び精神障害者福祉に関する法律（精神保健福祉法）に改正（1995年）され，「障害者プラン～ノーマライゼーション7か年戦略」では社会復帰施策の強化が明記されました。そこで，精神障害者の生活支援が求められるようになり，精神保健福祉士法（1997年）によって精神保健福祉士が位置づけられました。

2 精神保健福祉士の役割

　精神保健福祉士は，医療機関や施設の患者・利用者の相談に応じ，助言や指導，日常生活に適応するための訓練，各種の支援制度・サービスの紹介や利用調整，住居や仕事に関する手続きといった地域生活に移行するための，あるいは，日常生活を送るためのさまざまな支援を行っています。このように，精神保健福祉士は，精神障害者がその人らしい生活を送れるように支援するという役割を担っています。

3 精神保健福祉士の働く場

　精神保健福祉士の働く場には，医療機関として主に精神科病院，精神科診療所，行政

機関としては市・区役所，保健所，精神保健福祉センター，福祉事務所など，また，障害福祉サービスでは就労継続支援や就労移行支援を行う事業所，あるいは柔軟なサービスを提供できる地域活動支援センターなどがあります。さらに，ハローワーク，企業や教育機関への活動も広がっており，最近では司法分野として地域生活定着支援センター，更生保護施設，保護観察所などでの活躍も期待されています。

ワークシート 2-2

① あなたは，なぜ精神保健福祉士を目指そうとしているのでしょうか。

----

② あなたが考える精神保健福祉士の役割とはどのようなものでしょうか。

----

③ ソーシャルワークの国家資格ともいえる精神保健福祉士として大切にしなければならないことはどのようなことだと思いますか。

> **3 「倫理綱領」って何ですか**
>
> 　「倫理」は人が生きる規範で「綱領」はその要点をまとめたもので，多くの専門職団体が，専門職の価値観とあるべき姿を成文化した「倫理綱領」を公表しています。「ソーシャルワーカーの倫理綱領」は2005年に制定，2020年に改定されました。この倫理綱領では，「原理」と「倫理基準」が示され，遵守することが定められています。ソーシャルワーカーを目指す人は，倫理綱領に基づいて専門的な価値・倫理を学ぶことが求められます。

> **4 精神保健福祉士と社会福祉士との違いは何ですか**
>
> 　どちらもソーシャルワーカーの国家資格です。精神保健福祉士は精神保健分野に特化しているものの，養成課程を含めて共通部分は大きいといえます。「それならば共通の資格にすればよい」という意見もあるでしょう。しかし別資格になっていることで，ソーシャルワークの共通の部分を学んだ上で，専門分野に特化して養成できるという面もあります。ソーシャルワーカーの国家資格が2つあることについて，皆さんはどのように考えますか。

3　ソーシャルワーカーとしての倫理観の醸成

　社会福祉士・精神保健福祉士といったソーシャルワークの専門職の専門性を構成する
要素として，価値や倫理観があります。価値とは，「最も大切にする考え」という意味
です。ソーシャルワークの価値とは，「利用者の人権尊重・個人の尊厳の尊重」「利用者
の変化の可能性への絶対的信頼」といったことが挙げられます。利用者はかけがえのな
い価値ある存在であるという考えに基づいています。

　倫理とは，「その行動の善悪の判断基準となるもの」という意味です。価値に基づい
て社会福祉士・精神保健福祉士はどう振る舞っていくべきかといった行動規範となるの
が倫理観です。ソーシャルワーカーの倫理綱領に具体的な倫理基準が示されています。
クライエントに対する倫理責任として，クライエントの利益の最優先，受容，説明責任，
クライエントの自己決定の尊重，クライエントの意思決定への対応，プライバシーの尊
重と秘密の保持，差別や虐待の禁止，権利擁護，情報処理技術の適切な使用などが挙げ
られています（巻末資料参照）。

　社会福祉士・精神保健福祉士は，このことを支援の根底にクライエントと関わってい
かなければなりません。ソーシャルワークの専門知識や技術も必要となりますが，その
前提として対人支援であるソーシャルワーク実践において何を大切にするのかをしっか
りと理解しなければなりません。価値や倫理観を踏まえないでその場限りのソーシャル
ワーカーの感情が優先した行動になると，利用者の人権を損ねる危険な状態に陥ってし
まいます。

　価値や倫理観は，すぐに身につくものではありません。時間をかけて徐々に身につい
ていくものです。まずは価値や倫理観の重要性や意味を知識として理解しましょう。次
にいろいろな事例を通して価値や倫理観に沿った支援とはどのようなものかを具体的に
考えましょう。そして，日々の実践が価値や倫理観に反していないかどうか，どう利用
者と関わっていくことが価値や倫理観に基づいているのかをふり返ってみることがとて
も重要となります。この繰り返しを通して，価値や倫理観が徐々に業務に従事するソー
シャルワーカーの拠り所として身体の中に浸透していくのです。価値や倫理観を意識し
なくても，当たり前のように価値や倫理観に基づいた思考や実践ができるように努めて
いきましょう。

注
(1)　2020年6月の公益社団法人日本精神保健福祉士協会の総会で，以前使われていたPSW
　　（Psychiatric Social Worker）の英語表記・略称が変更されました。

第3章

実習の流れを理解しよう

1   ソーシャルワーク実習の基本的な流れ

　本章では，社会福祉士養成カリキュラムを踏まえて説明していきます。

　2021年度からのソーシャルワーク実習では，地域における多様な福祉ニーズや多職種・多機関協働，社会資源の開発等の現状を学ぶことができるように，実習の時間数を拡充するだけでなく，機能が異なる2つ以上の実習先で現場実習240時間を行うこととなりました。また，ソーシャルワークの一連の過程をはじめ，複数の施設・機関や地域との関係性を含めた包括的な支援の現状について，十分な期間を確保して学ぶことができるように，1つの実習先において180時間以上の実習が基本となりました。

　そのため，2つ以上の現場実習を合わせてソーシャルワーク実習になるため，それぞれの現場実習を別々に捉えるのではなく，相互に関連し合うものとして捉えることが大切になります。したがって，2つの現場実習へ行く場合には，1つ目の現場実習が終了すれば，現場実習の成果と課題をふり返り，2つ目の現場実習にその成果と課題をつなげることになります。

2   ソーシャルワーク実習の具体的な流れ

1   ソーシャルワーク実践の基礎実習から応用実習へ

　ここでは，60時間実習はソーシャルワーク実践の基礎を学ぶ段階，180時間実習はソーシャルワーク実践の応用を学ぶ段階，として位置づけています。

　したがって，60時間実習では，図3-1のように，利用者等（地域住民も含む）や社会福祉専門職との関係づくりや，地域に目を向けることの大切さ，そして，その中で生活する利用者や地域住民の生活課題を理解することに重点が置かれています。180時間実習では，60時間実習の内容をふり返った上で，支援計画の作成をはじめ，多職種連携や地域への働きかけ，社会資源の開発の必要性を理解することに重点が置かれています。そして，このような取り組みを支える前提に，実習先の経営や管理運営に関する学びや社会福祉士の職業倫理，ソーシャルワーク実践技術の理解が必要となります。例えば，特別養護老人ホーム（60時間）→病院（180時間）の流れであれば，利用者や社会福祉専門職との関わり方や利用者を取り巻く環境に着目する方法を60時間実習で学び，180時

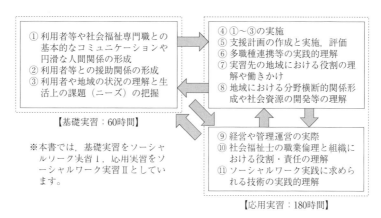

図 3 - 1　ソーシャルワーク実践の基礎実習と応用実習との関係性

出所：筆者作成。

間実習では，患者のアセスメントを行い，多職種連携も含めた退院支援のあり方を検討していきます。なお基礎実習では，必要に応じて，応用実習の内容を関連づけながら学ぶこともあります。

　また，180時間実習で学んだことを基に事後学習を行う時には，180時間実習だけでなく，60時間実習も含めてふり返ることで，実習生が自身のソーシャルワーク実習を体系化することができます。

2　その他の流れ

　他にも，対象者が同じで，機能が異なる実習先で学ぶ流れにより，各実習先間の連携をはじめ，対象者を取り巻く環境も理解しやすくなります。

　例えば，児童養護施設（30時間）→児童相談所（180時間）→児童養護施設（30時間）の流れであれば，児童養護施設で子どもの生活の様子や抱える思い，関わり方を理解します。そして，児童相談所で子どもとその保護者の抱える思いや生活の現状を理解した上で，ソーシャルワークの実際とそのあり方について考えます。その後，再び児童養護施設では，支援計画を作成したり，地域で子どもや保護者を支える仕組みについて検討したりします。

　このように，各実習先間のつながりを実感できる学びは，実習生の理解促進に，また同じ実習先に戻り，さらなる学習ができる環境は，前回と今回を比較し，自身の成長や変化への気づきにつながりやすくなるものといえます。

> ― 5　実習を上手に進めるためにはどうすればよいですか ―
> 　始まるまでは，長く感じる現場実習も，終わってみるとあっという間です。少しでも気持ちに余裕をもって取り組めるよう，実習期間にどんなことに取り組み，どんなことを学ぶのかを事前に把握しておくとよいと思います。また，現場実習前のオリエンテーションや現場実習が始まった時，現場実習が始まって一定期間過ぎた時など，定期的に実習計画書やスケジュールを実習指導者・実習指導教員と共有することが大切です。

参考文献

厚生労働省「社会福祉士養成課程における教育内容等の見直しについて」2019年。

第 4 章

実習における事前学習の
大切さを理解しよう

1　事前学習の意義

1　事前学習の必要性

　実習とは職場体験と同様に，養成校という普段過ごしている場から離れ，あまり目にすることのない施設・機関などを見学し，そこで行われている業務の一部を体験することができる機会として理解することができます。このように捉えると，実習を進める上で，事前学習は特に必要のないものとして映るかもしれません。しかし実習を終えた学生たちのふり返りを聞くと，事前学習の不十分さをあげる声をよく耳にします。彼らのこの言葉は，ソーシャルワーク実習を進める上で，事前学習が重要であることを示しています。それではなぜ，ソーシャルワーク実習を進める上で，事前学習が必要となるのでしょうか。

　事前学習の重要性について理解するためには，まずソーシャルワーク実習が社会福祉士や精神保健福祉士になるために必要な知識・技術・価値・倫理などを身につけるための教育・訓練の場として機能していることを理解しておく必要があります。これに加えて，こうした教育・訓練が240時間（社会福祉士）もしくは210時間（精神保健福祉士）という限られた時間の中で行われることも押さえておかなければなりません。特に実習開始直後の数日間は，実習先に慣れることに精一杯で，十分な実習を行うことができないものです。つまり限られた時間の中で，効率的かつ効果的に必要なスキルを身につけるためには，入念な準備が必要であり，その準備として事前学習が必要となります。

　さらにもう一つ付け加えるならば，実習中においては実習生も何らかの形で利用者の支援に携わることになります。実習生はまだ勉強中の身であり，十分な支援ができないのは当然です。しかし実習生だからといって，利用者に不利益を与えてよいということにはなりません。利用者に不利益を与えないためにも，しっかりとした事前学習が必要になるといえます。

2　事前学習と講義及び演習の関係

　第1章1でみたように，ソーシャルワーカーを養成する養成校のカリキュラムは，「講義」「演習」「実習」の3つから成り立っており，これらが相互に関連しています。つまり，実習は単独で成立しているのではなく，講義や演習による学びを前提として成り立っています。そのため，事前学習を進める上で，講義や演習で学んだ内容をしっか

りと再確認しておくことが重要となります。

　その際，事例やロールプレイなどを通して，より実践に近い形での学習を行う演習での学びが重要であるということもさることながら，講義で得られる知識も実習を進める上で重要な意味をもっています。実習では，利用者の生活の一端を目の当たりにしたり，現場で展開される支援過程の一部を見たりすることができるわけですが，一般的に物事はそれに対する見方や捉え方が異なることによって，まったく違った様相をみせることがあります。つまり，実習の中である場面を見たとしても，知識がまったくない状態で見た場合と知識のある状態で見た場合とでは，見え方やその意味がまったく異なってくる可能性があるわけです。このように知識とは，目では見えないものを見せてくれるツールとしての意味をもっています。したがって，実習と直接的に関わる内容だけでなく，学内における普段の学びを広く整理しておくことが重要であり，その延長線上に実習に向けての事前学習があることを理解しておくことも必要です。

3　事前学習の内容

　自分自身が実習を行う実習先が決定してくると，より焦点を絞った具体的な事前学習を進めていくことになります。まず社会福祉士や精神保健福祉士の仕事内容や役割は，所属する施設・機関によって異なります。そのためソーシャルワーク実習における事前学習として，実習先となる施設・機関がもつ機能や役割を整理した上で，そこにおける社会福祉士や精神保健福祉士の役割について理解しておくことが重要となります。またそれぞれの施設・機関の運営やそこで展開される支援は，制度に基づき，制度で定められた範囲の中で行われています。したがって，実習先を理解し，そこで行われる支援について知るためには，施設・機関の根拠法を再確認しておくことが必要となります。

　次に，自分たちが実習を行う施設・機関を利用する利用者がどのような人であるのかを調べ，利用者がもつ障害や疾病についてもしっかりと理解しなければなりません。それぞれが抱える障害や疾病の状態及びその捉え方は利用者によってさまざまであり，実際に実習先に行って利用者と接してみないと具体的にはわからないことも多いといえます。しかし事前学習として，障害や疾病の傾向や特徴を理解しておくことは，利用者のニーズを把握する上で重要な情報となります。

　また実習先の概要やその周辺地域の概要について調べることも事前学習において，欠くことができない内容となっています。ソーシャルワーク実習において学ぶべきことは，利用者とソーシャルワーカーにおける1対1の支援だけでなく，施設・機関の運営方法や内外で行われる連携の方法，地域の中で果たしている施設・機関の役割について理解することなど，多岐にわたります。第1章2でみたように，ソーシャルワーク実習は地域共生社会の実現に資する実践力を備えたソーシャルワーカーを養成することをねらいとしており，地域に必要な社会資源を開発できる実践能力を有する人材を育てることに

力点が置かれています。実習先の概要について学ぶことに加え，実習先が位置する地域の特性を理解しておくことは，ソーシャルワーク実習における目的と照らし合わせてみても重要な内容であるといえます。

　その他に，実習生として事前に自分自身を客観視し，自身についてしっかりと把握しておくことも事前学習の一環として重要であるといえます。なぜなら，ソーシャルワークにおける支援とは，ソーシャルワーカー自身を道具として用いることで展開されることから，適切な支援を実施するために，ソーシャルワーカーには自分自身について注視し，自身の考えや言動について深く省みる姿勢が求められているからです。こうした姿勢は，実習においても同様に求められており，実習生は実習での一つひとつの体験を通して，自身について内省する作業を繰り返す必要があります。限られた時間の中で，より深い内省を行うためには，実習前の事前準備として，実習生が自身についてふり返り，自己理解を深めておくことは重要です。また一人前の社会福祉士や精神保健福祉士になるためには，当然のことながら社会人としてのマナーや一般常識についても身につけておくことも重要です。自分自身について客観視することやマナー・一般常識を身につけておくことは時間のかかる作業です。そのため実習直前になって，これらを意識し始めるのではなく，日頃から意識し実践しておくことが大切であるといえます。

4　事前学習の方法

　事前学習の方法として，講義ノートを見返すことや文献を読むといった作業を一人で黙々と進めるだけでは，効果的とはいえません。なぜなら，こうした作業だけでは，必要な項目を漏れなく確認することができないからです。

　そこで効果的な事前学習の方法として，自分自身が学んだ内容をレポートなどにまとめ文章化することや，口頭で他者に伝える作業を行うという方法があります。文章化する作業や口頭で他者に説明する作業は，頭の中を整理し，自分自身の学習状況を客観的に把握する上で有効な手段となります。さらに他者と事前学習で学んだ内容について話し合うという作業も，事前学習として効果的で有効な手段です。他者と話し合うことによって，学習した内容について他者から意見をもらうことができるだけでなく，自分自身の学習進度について他者と比較することが可能となります。

　また実習に行ったことのない学生たちは，自分たちが抱いている実習に関するイメージや理解に基づいて事前学習を進めることになります。しかし，そうしたイメージや理解が必ずしも適切であるとは限りません。そこで実習経験者から，必要となる事前学習の内容や実習中に困った点などを具体的に聞いておくことも有効な手段の一つです。

　実習成功の可否は，事前学習にかかっているといっても過言ではありません。漏れなく，一つひとつの内容をしっかりと理解できるように，計画的に事前学習を進めることが大切です。

ワークシート4-1

　自己理解を行うために，以下のワークに取り組んでみましょう。

① 「私は」の後の文章を思いつくままに自由に書き込み，自分自身の特徴を整理してみましょう。

私は，

私は，

私は，

私は，

私は，

上記の内容を踏まえて，自分自身の特徴を記述して下さい。

---

② ソーシャルワーク演習の授業をふり返り，その中から得られた自分自身に対する気づきを整理してみましょう。

---

③ あなたの友だちや両親などの周囲の人に自分自身の特徴について聞いてみましょう。

周囲の人からみたあなたの特徴を記述して下さい。

---

④ ①〜③の結果を踏まえて，自分自身の特徴について整理した上で，ソーシャルワーク実習における自身の課題について考えてみましょう。

ワークシート4-2

1カ所目の実習先について理解するために，以下のワークに取り組んでみましょう。

① 実習先の施設・機関の根拠法などを基に，実習先となる施設・機関がもつ機能や役割・支援内容を整理してみましょう。

---

② 自分の実習先の利用者の特徴（年齢，身体的状況，生活環境など）について調べ，利用者の抱える生活課題について考えてみましょう。社会福祉協議会における実習の場合，利用者を住民に置き換えて考えてみることもできます。

利用者の特徴
利用者の抱える生活課題

③ 自分の実習先がある地域の人口，年齢構成，世帯構成，産業構造，社会資源などについて調べてみましょう。また全国平均のデータやその他の地域のデータと比較して，実習先がある地域の特徴やニーズについて考えてみましょう。

実習先がある地域の特徴やニーズ

ワークシート4-3

　2カ所目の実習先について理解するために，以下のワークに取り組んでみましょう。

① 実習先の施設・機関の根拠法などを基に，実習先となる施設・機関がもつ機能や役割・支援内容を整理してみましょう。

----

② 自分の実習先の利用者の特徴（年齢，身体的状況，生活環境など）について調べ，利用者の抱える生活課題について考えてみましょう。社会福祉協議会における実習の場合，利用者を住民に置き換えて考えてみることもできます。

利用者の特徴
利用者の抱える生活課題

③ 自分の実習先がある地域の人口，年齢構成，世帯構成，産業構造，社会資源などについて調べてみましょう。また全国平均のデータやその他の地域のデータと比較して，実習先がある地域の特徴やニーズについて考えてみましょう。

実習先がある地域の特徴やニーズ

2　施設見学や外部講師による講義の意義

1　施設見学

　ソーシャルワーク実習を行う上で，さまざまな事前学習を行うことになります。実習に向けての準備を進める上で重要なことは，実習に関連する知識を得るだけでなく，実習先である施設・機関に関する具体的なイメージをもつことも大切です。施設見学は，施設の立地や建物とその内部，雰囲気，広さや明るさなどの五感を使って感じ取ることができます。また施設・機関を利用するクライエントの姿や職員が支援を行っている様子を目にすることもできます。このように施設見学は，実習先に関する具体的なイメージ形成を図る上で有用な機会となります。

（1）　施設見学に向けての事前準備

　施設見学を行うにあたって，まず事前準備を行うことが大切です。見学先である施設・機関のホームページなどから必要な情報を収集したり，関係法令の学習を行うようにしましょう。また見学に行った際に質問したいことを事前に考えておきましょう。

（2）　施設見学の留意点

　施設見学での主な留意点は，次の通りです。

　　①　施設見学を行う際，基本的なマナーを忘れずに行動すること（マナーについては第5章1参照）

　　②　入所施設である場合，クライエントの生活空間を見せていただくことへの感謝とお邪魔していることを意識した行動をとること

　　③　クライエントや施設・機関の職員を不快な気分にさせないような身なりを心がけること

　　④　見学で知り得た個人情報などを他者に話さないことやSNSに投稿しないこと（守秘義務），等

（3）　施設見学後にすべきこと

　施設見学で学んだ内容については，終了後，すぐに整理をするようにしましょう。情報を整理する上で，ワークシート4-4（次頁）を活用してみましょう。ワークシートに記載する際は，他者に説明できるように，できる限り具体的に記述するようにしましょう。具体的に記述することで，自身の理解度を確認することができます。

ワークシート4-4

施設見学で学んだ内容を整理してみましょう。

施設名 （例　○○法人□□会△△学園）	
種別／分野・領域 （例　○○施設／○○分野）	
連絡先（電話番号など）	
担当者	

施設・機関の概要
見学をして考えたこと
疑問に思ったこと
その他

┌─ 6　施設見学のポイントを教えて下さい ─┐

施設を案内されると建物や設備に目がいきやすくなりますが，大事なことは施設全体の雰囲気です。施設で過ごしている利用者の表情や働くスタッフの言葉がけ・声かけ，態度にも注目してみて下さい。明るくて活気のある施設は，利用者やスタッフの生き生きとした笑顔や楽しそうな会話で溢れています。また，掲示物に目を向けるのもいいと思います。どんな行事や活動があるのか，どんなことに力を入れているのか，施設の特徴や個性がみられます。

2 外部講師による講義の意義

　事前学習の一環として，施設・機関で働くソーシャルワーカーを外部講師として招いて，講義を受ける機会があります。外部講師による講義は，講師が関わった事例や体験を交えた講義が行われます。こうした機会を活用することで，これまでに学内で学んできたソーシャルワーク実践や法制度などに関する知識や技術が，実践現場においてどのように活用されているのか，社会福祉の諸理論と実践がどのようにつながっているのかを学ぶことができます。またソーシャルワーカーとして，クライエントと関わる際に，どのようなことを大切にしているのか，といった点も聞くことができます。この他にも，仕事のやりがいや困難さについても，話を聞くことができるかもしれません。

　外部講師による講義は，現場の実際をリアルに捉えることができるだけでなく，実習に向けての自身の課題や関心を明確にしていく作業に役立てることができます。講義受講後は，講義を通して学んだ内容や疑問点等を整理するようにしましょう。講義を通して，学んだ内容を整理するために，ワークシート4-5（次頁）を活用してみましょう。ワークシートに記載する際は，他者に説明できるように，できる限り具体的に記述するようにしましょう。

～ 7　施設見学で意識した方がよいことは何ですか ～

　見学する施設は，それぞれ社会的な役割や機能をもっています。見学を実施する前に，まずその点について調べておくようにしましょう。また見学する施設を利用する利用者がいるのであれば，その利用者の特性についても調べておきましょう。この2点をしっかりと意識して施設見学に臨めば，あなた自身が何を意識して施設見学を行うべきかが見えてくると思います。

～ 8　事前学習を行う際に資料をどこから集めればよいですか ～

　実習を行うにあたって事前に必要となる学習の内容は，多岐に及びます。そのため，さまざまなものが事前学習の資料になるといえます。ただし，資料を膨大に集めても，それを整理し知識として自分のものにできなければ，事前学習の意味はありません。そこで，まずは養成校で使用したテキストや授業資料を復習することから事前学習を始めるとよいでしょう。より深く学びたい時は，テキストや授業資料の中で示されている参考文献や統計データについて，図書館等を活用して，それらを確認することもできます。新たなものを次々と収集するよりも，まずは手元にある情報を確実におさえていく姿勢が重要です。

ワークシート 4-5

　外部講師の講義から学んだ内容を整理してみましょう。

施設名 （例　○○法人□□会△△学園）	
種別／分野・領域 （例　○○施設／○○分野）	
講師名	
施設・機関の概要	
業務内容	
講義を受けて考えたこと	
講義の中で疑問に思ったこと	
実習に向けての事前学習として 今後すべきこと	

3　問題意識・目的意識の明確化

　皆さんは，ソーシャルワーク実習に向けて事前学習を進めていますが，「何のために
ソーシャルワーク実習に行くのでしょうか」と尋ねられて，何と答えますか。「資格を
取るため」と答えますか。正直，どのように答えたらいいのか返答に困ることもあるで
しょう。ここでは，実習を前にして，問題意識・目的意識をどのように明確にすればい
いのかを一緒に考えていきたいと思います。

1　問題意識とは何か

　「問題意識」とは，事態や事象の問題の核心を見抜き，それに対して積極的に追究し
ようとする姿勢を意味します(1)。ある事態や事象の課題を明らかにしたい，あるいは解決
に導きたいと思う背景には，その問題に気づくきっかけがあります。そのきっかけの一
つに，皆さんの実習に対する動機付けがあります。

　動機付けには，大きく分けて2つの要素があります。それは，「内発的動機付け」と
「外発的動機付け」というものです(2)。

(1)　内発的動機付け

　内発的動機付けとは，活動自体が好奇心や興味・関心をもたらすというものです。例
えば，「これをやっていて楽しい」とか，「面白いから，興味があるから」「好きだから」
というものです。内発的動機付けに基づく活動は，活動自体が目的となっていることが
多く，それ以外の目的が明確にあって活動しているわけではありません。

(2)　外発的動機付け

　外発的動機付けとは，義務や，強制，懲罰といった外部からの働きかけによってもた
らされる動機付けです。外発的動機付けに基づく活動は，活動とは別の目的を達成する
ための手段として行動することがあります。そして，この外発的動機付けは，さらに4
つのタイプに分けることができます。

　A：総合的調整タイプ

　このタイプは，「学ぶことが自分の価値観と一致している」「自分の能力を高められ
る」といった動機で活動するもので，自分自身で決めた目標に向けて自律的に行動しま
す。この自律的とは，主体的に取り組むということです。

　B：同一化調整タイプ

　このタイプは，「自分にとって重要だと思うから」「将来のためには必要だと考えるか
ら」といった動機で活動するものです。この活動が将来の自分にとって価値のあるもの

だと自分自身が認識しており，その目的達成のために活動します。タイプＡと似て，より自律的に行動するタイプといえます。

　Ｃ：取り入れ的調整タイプ

　このタイプは，「やらなければいけないから」「一人だけやらないと不安だから」「福祉の学校に来て資格を取らないと恥ずかしいから」といった動機で活動するものです。実習が自分にとって価値あるものだと認識している一方で，しなくてはならないという義務感が伴っているため，外部からの働きかけによって動く他律的な行動といえます。他律的というのは，自律的な行動とは反対の意味で，従属的，受動的な行動を表します。

　Ｄ：外的調整タイプ

　このタイプは，「人から言われて仕方なく」「やらないと親に叱られるから」「資格を取ると，認めてもらえる，褒めてもらえるから」といった外部からの圧力や強制，賞罰的なものが加わることで行動するものです。実習が自分にとって価値あるものと認識できていないことが多く，他律的な行動が極めて高いといえます。

2　「目的意識」とは何か

　「目的意識」とは，何かを成し遂げようと目指している事柄について自覚していることを意味します。(3)皆さんの場合ですと，実習で目指す事柄とは，「ソーシャルワーカーになること」を指します。目的意識を持つということは，何のためにソーシャルワーカーになることを目指すのか，皆さん自身が意識しているという状態です。

　なぜ，目的意識を明らかにすることが大切なのでしょうか。先程の問題意識と絡めて考えてみましょう。

　皆さんがある問題に気づいた時，それを解決につなげていきたいという気持ちが湧きます。次にそのためにはどうすればよいのかを考えます。すると，とるべき具体的な行動が，目的意識を明らかにすることで見えてくるのです。すなわち，問題意識・目的意識を明らかにするということは，ある問題を解決に導くために（＝問題意識），意識してある事柄を成し遂げようとすること（＝目的意識）を意味します。皆さんが解決したいと思っている事態・事象は，ソーシャルワーカーを目指すという目的意識を持つことで，達成することができますか。それが，先程の問いの「どうして，何のためにソーシャルワーク実習に行くのですか」の答えにつながるのではないかと思います。

　ソーシャルワーク実習は，学びと気づきの連続です。実りあるよりよい実習にするためには，皆さんの実習に対する問題意識・目的意識をはっきりさせることと，実習に向けた周到な準備を行うことが大切です。周到な準備とは事前学習のことを指します。この両方がないと，実習で思うような学習成果を挙げることは難しくなります。ワークシート4‐6・7（30-31頁）を行いながら，今一度立ち戻って考えてみましょう。

ワークシート 4-6

　現時点での皆さんの実習への動機付けは何ですか，また，どのようなタイプ（28-29頁のA～D）に近いと考えられますか。自分なりに分析してみましょう。次に，その動機付けを見て，どのような問題や課題を解決していきたいと思っていますか。箇条書きで記入してみましょう。

記入日	動　　機	動機付けのタイプ（　　）

どのような課題や問題を明らかにしたいのか。解決したいのか。

━ 9　なぜ社会に関心や興味をもつことが大切なのですか ━
　社会に関心や興味をもつことで，社会に対して自身の意見や考えをもち，問題意識をもてるようになります。この問題意識を感じながら養成校で学ぶことや実習先で実習を行うことは，なんとなく学ぶこととはかなりの差が生まれてくると思います。価値観の多様化が進み，変化のスピードが速い社会の中で，さまざまな価値観に触れ，時代の変化にも合わせながら学びを深めていくためにも社会に関心や興味をもつことは大切だといえます。

ワークシート 4-7

　実習に向けて，どのような問題を解決したいのか（問題意識）と，それを達成するためにはどのような目標を立てるといいのか（目的意識），そのために具体的にすべきことは何か（事前学習）は，それぞれ関連しており，お互いに影響し合っています。このチャートに記入しながら整理してみましょう。

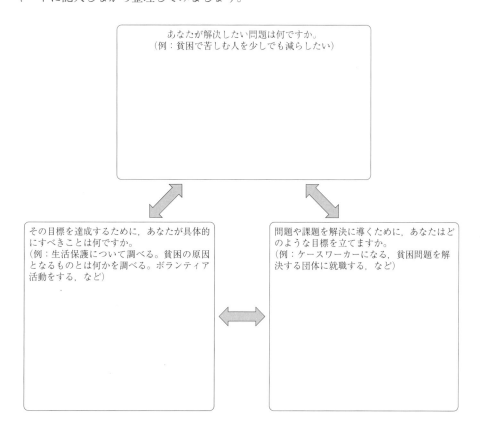

あなたが解決したい問題は何ですか。
（例：貧困で苦しむ人を少しでも減らしたい）

その目標を達成するために，あなたが具体的にすべきことは何ですか。
（例：生活保護について調べる。貧困の原因となるものとは何かを調べる。ボランティア活動をする，など）

問題や課題を解決に導くために，あなたはどのような目標を立てますか。
（例：ケースワーカーになる，貧困問題を解決する団体に就職する，など）

┌─ 10　なぜ実習に行くのかを改めて教えて下さい ─┐

　ソーシャルワーク実習に取り組む時間は，膨大な時間のように感じる人もいるかもしれません。しかし1日8時間として計算すると，その期間はおおよそ30日程度となります。ソーシャルワーク実習は，ソーシャルワーカーとして必要となる実践力を習得するために行われる実習ですが，この目的を達成することを考えると30日という期間は決して十分なものであるとはいえません。ましてや，漫然と30日を過ごすだけでは，その目的を達成することは到底できません。実習生一人ひとりが，なぜ実習に行くのかを改めて考えるということは，ソーシャルワーク実習を主体的に行う上で欠くことのできない作業であるといえます。

注

⑴　新村出編『広辞苑 第7版』岩波書店，2018年，2932頁。

⑵　Ryan, R. M. & E. L. Deci（2000）"Self-determination theory and the facilitation of intrin-sic motivation, social development, and well-being" *American psychologist,* 55⑴, p.68.

⑶　新村出編，前掲書，2904頁。

第 5 章

実習前における準備の内容を理解しよう

1 実習生としてのマナー・心構え

　実習とは，支援の場に身を置いて実践を学ぶことです。それは，利用者の暮らしの場，地域住民が集う場，さまざまな相談への支援の場に立ち入ることでもあります。また，実習生であっても利用者からは一人のソーシャルワーカーとして映っているかもしれません。ここでは，実習生として望ましい態度，適切な姿勢・行動と心構えを確認していきましょう。

1 挨　拶

　挨拶は関係を築く上での基本であり，コミュニケーションの第一歩です。初めて会う人には自己紹介を含めた挨拶も必要です。また，挨拶にはお辞儀を伴うことがほとんどです。相手の顔を見て，聞こえる大きな声で，さわやかな挨拶ができるようにしましょう。挨拶は，実習生としてだけではなく，支援者・社会人としての基本となる姿勢です。挨拶によって周囲からの印象や反応も変わってきます。

2 言葉遣い

　近年では利用者への権利擁護の観点から，日常的な関わりにおいても「言葉遣い」はとても重視されます。実習記録の記入も含めて正しい敬語を用いて表現できるようにしましょう。敬語には，尊敬語と謙譲語があります。⁽¹⁾尊敬語とは，相手を敬う表現で相手を自分より高く表現することで敬意を表します。一方，謙譲語は自分をへりくだる表現を用いて自分を相手より低く表現することで尊敬を表します。

3 利用者に対する呼称や接し方

　例えば，高齢者や障害者の福祉施設では利用者に対して，支援者が「○○ちゃん」と読んだり，ニックネームで呼んだりすることがあるようです。しかし，「ちゃん」づけやニックネームで呼ぶことで，子どものような接し方，馴れ馴れしい接し方になるため，利用者の権利を守り自立生活の支援につながるかを考える必要があります。⁽²⁾
　実習生としての立場を踏まえ，さらにソーシャルワーカーとしてどのような呼び方で利用者に接することがふさわしいのかを考えた呼称や接し方を意識して現場実習に臨むようにして下さい。

4　身だしなみ

　人と関わる仕事では，身だしなみは重要です。清潔であることはもちろん，どの年代の人から見てもおかしくない服装が基本です。おしゃれは自分のために楽しむものであり，身だしなみは相手のために整えるものです。実習生として，さらに福祉の現場で働くソーシャルワーカーとして，ふさわしい身だしなみを心がけましょう（図5-1）。実習生個人票（45頁参照）の写真やオリエンテーションではスーツが基本です。実習期間中の服装（通学時も含む）については，オリエンテーション時に実習指導者に確認をして下さい。

　支援の場では利用者のケガにつながらないように，爪を短く切ること，アクセサリーや香水などは控え，支援の現場にふさわしいメイクにすること，髪は染めずに自然な色，清潔感のある髪型にセットして下さい。時計やカバン，靴，ハンカチなど細部に至るまで，身だしなみを整えて現場実習に臨むようにしましょう。

図5-1　身だしなみのチェック

5 提出期限・時間の厳守

　実習指導者は忙しい業務の中で，実習指導をして下さっています。実習生が期限や約束を守らないことによって，利用者支援の時間が損なわれるかもしれません。また，ソーシャルワーカーの仕事は1分，1秒の対応が利用者の暮らしに大きな影響を与えることもあります。実習の開始時間には余裕をもち，実習記録などの提出物や1日のスケジュールは決められた時間を厳守して行動するようにしましょう。

　もし，やむを得ない理由で決められた時間を守れない場合には，実習指導者に事前に相談をして指示や指導を受けるようにして下さい。

6 守秘義務

　ソーシャルワーカーを含め，福祉の仕事に携わる専門職には守秘義務が課せられています。社会福祉士及び介護福祉士法には，誠実義務（第44条の2），信用失墜行為の禁止（第45条），秘密保持義務（第46条）などが示されており，特に秘密保持義務の規定に違反した者は，1年以下の懲役又は30万円以下の罰金に処するという厳しい罰則があります。この罰則は，精神保健福祉士も同様です。

　これらの規定は，実習生であっても厳守しなければなりません。近年では，SNSなどの普及によって容易に個人の情報を掲載することができます。しかし，クライエントの情報（写真，実習内容も含む）など実習中に知り得た情報は絶対に漏らさない（SNSに掲載しない）ようにして下さい。

> **11　実習先から「困る」と思われる実習生の例を教えて下さい**
> 　実習先の風土にもよるので一概には言えませんが，実習指導者からの話や問いかけに対して反応が乏しい実習生は，どの程度話を理解できているのかがわからず対応に困ることがあります。実習指導者からの説明や解説，問いかけに対してしっかりリアクションをとるようにしましょう。緊張してなかなか言葉が出ないかもしれませんが，勇気を出して自分の思いや考えを声に出してみて下さい。

> **12　「報連相（ほうれんそう）は重要」と聞くけれど，それはなぜですか**
> 　「報連相」とは「報告・連絡・相談」のことです。社会福祉の仕事のほとんどはチームで行うものであり，チーム内での情報共有のために「報連相」は重要な要素となります。自身が行った行動や利用者から聴いた些細な情報だと感じているものでも，利用者にとって大事なものであることや，実習先にとっては大変重要なことを含む情報のこともあります。自身で重要度や優先度を判断することなく「報連相」を心がけて下さい。

ワークシート5-1（①②の解答例は66頁）

① 実習中に想定される場面の挨拶について考えてみましょう。

場　　面	挨　　拶
出勤	
退勤	
実習記録の提出	
実習内容の指導後	
実習態度の注意を受けた	
職員（ワーカー）室に入る	
職員（ワーカー）室を出る	
利用者と初めて会う	
実習最終日	

② 次の言葉を尊敬語に整理してみましょう。

日常語	尊敬語	謙譲語
言う		申し上げる，申す
聞く		伺う，拝聴する
見る		拝見する
行く		伺う，参る
知る		存じ上げる，存じる
帰る		失礼する
会う		お目にかかる
食べる		いただく，頂戴する
する		いたす

出所：稲本恵子・白井弘子・吉浦昌子『大学生の社会人準備講座 社会人基礎力』晃洋書房，2018年，31頁。

③ 実習への通勤中，電車が遅れて開始時間に間に合いそうにありません。あなたは，どのような対応をしますか。

2　実習先への依頼

1　実習先への依頼方法

　養成校が契約している実習先の中で，自身の実習先が決まれば，実習を受け入れていただくために依頼し，承諾を得る必要があります。基本的には，実習に行く前年度に実習依頼先の窓口となっている職員や実習指導者に電話をかけて，希望する期間内に実習を受け入れていただけるように依頼していきます。場合によっては，実習指導教員が依頼することもありますが，自分の実習ですので，すべてを任せるのではなく，主体的に取り組むようにしましょう。

2　電話依頼するまでの準備

　電話で依頼をする時は相手の立場を考えることが求められます。実習指導者にとっては日々の業務の中でかかってくる多くの電話の一つにすぎない場合があります。「どうすれば相手にわかりやすく意図が伝わるか」を想像することが大切です。この電話依頼までに，自分にとっての実習の目的を明確にしておく必要があります。実習依頼の時には，最低限，以下の4つの内容を押さえておく必要があります。

　　①　自身が所属する養成校名と名前
　　②　「社会福祉士（精神保健福祉士）の実習」であること
　　③　希望する実習期間と実習時間（何時間の実習が必要か）
　　④　依頼した実習先を希望する理由

　社会福祉士・精神保健福祉士以外にも保育士や教員免許取得のための実習を受け入れている実習先もありますので，必ず取得を希望する資格の実習であることを明確に伝えましょう。

　その際に，実習受け入れの可否の返答だけをいただくとは限りません。実習先が「継続的に実習が可能かどうか」を判断するために，実習先として選んだ理由，何を学びたいのか，交通経路，移動手段（徒歩，自転車など），実習時に配慮が必要な情報（持病の有無，服薬の時間帯など）について尋ねられることがありますので，必要な内容を事前にメモしておき，わかりやすく伝えられるようにしましょう。

ワークシート 5 – 2

電話依頼をする際に必要となる項目を整理してみましょう。

① 自身が所属する養成校名，氏名（同じ実習先に行く実習生がいる場合は合計人数を記載）

養成校名	
氏　　名	合計　　名

② 希望する実習期間と実習時間

実習期間 （養成校が設定している実習 期間を確認しておくこと）	年　　　月　　　日から 年　　　月　　　日まで
実習時間	時間

③ 依頼する実習先を希望した理由

④ 希望する実習先までの通勤経路，時間（自転車，徒歩など。公共交通機関の場合は具体的に記載する）

実習先までの所要時間	時間　　　分

⑤ その他，実習を受け入れていただくにあたって，事前に伝えておく必要があること（持病・服薬など）※実習指導教員に事前に相談しておきましょう。

　　電話による実習依頼の実際

　次頁に電話のやりとりの例を記載します。実際のやりとりについては，状況に応じた返答が求められます。面識がない人に電話をかけることは，緊張を伴いますので，不安な人は繰り返し練習するようにしましょう（態度や言葉遣いなどについては，第5章1を確認して下さい）。電話をかける際は，通話に集中できる静かな場所を確保します。時間帯としては通常の窓口対応時間を確認した上で，申し送りなどが行われやすい就業開始や終業間際などは避けます。その他気をつけることなどを実習指導教員に相談して，先方に失礼のない対応を心がけましょう。

　また，電話をかけた時に実習指導者が不在の場合があります。実習指導者は出勤されているものの，離席中の場合は，戻られる時間を確認し，こちらから改めて電話をかけるように伝えます。出勤されていない場合は，「明日はご出勤でしょうか」と次の出勤日を確認し，こちらから電話をかけることを伝えます。先方からの都合により，折り返し電話をするとの申し出があった場合は，自分の連絡先を伝えます。着信があった場合は，慌てず静かな場所に移動してから対応しましょう。

　なお，実習を依頼した場合に必ずしも承諾をいただけるとは限りません。諸事情により，断られる場合や実習先での協議の上，後日承諾の可否の返答をいただくこともありますが，最後は電話対応の時間を作っていただいた依頼先に感謝の意を伝えます。

4　　実習先が決まったら（養成校への報告と書類の確認）

　実習の承諾が得られたら，その結果を実習指導教員に報告しましょう。実習依頼先から断られた場合は，実習指導教員と相談しながら，新たに受け入れ先を探していくことになります。

　実習依頼先から実習の承諾が得られた場合は，大学から実習先に正式に依頼状を送付し，実習先から承諾書を受け取ることで正式決定となります。養成校からの依頼状申請書，実習先からの承諾書は，実習目的・内容や役割と責任の所在を明確にするための契約書のようなものになり，非常に重要です。承諾書が届いたら，内容を確認し保管しておきます。確認の方法は，承諾書のコピーを配布される，実習指導教員から内容に関する説明を受ける，など養成校により異なります。

┌─ 依頼の電話 ─────────────────────────────────

①実習指導者に取り次いでいただく場合

　「お忙しいところ恐れ入ります。○○大学の○○と申します。来年度の社会福祉士の実習に関してご相談したいのですが，ご担当の方にお取次ぎいただけますでしょうか」

- -

②実習指導者に実習依頼をする場合

　「はじめまして。○○大学○年生の○○と申します。社会福祉学を専攻しており，社会福祉士取得の実習を希望しております。その中でも特に○○福祉（分野）に関心があり，来年度の○月○日から○月○日の期間で○○時間以上の実習をお願いしたいのですが，お引き受けいただけないでしょうか」

└──

┌─ 承諾いただいた場合や条件付きで断られた場合 ─────────────

①承諾をいただける場合

　「ありがとうございます。では，後日，大学から正式に依頼状をお送りいたします。大学への書類提出のために必要な事項を，いくつかお伺いしてもよろしいでしょうか」

- -

②条件が合わず承諾いただけない場合

　「時期につきましては，一度大学に調整できないか相談してみます。いつ頃であればお引き受けいただけますでしょうか」

　「では，大学とも相談し，後日改めてお電話いたします。お忙しいところ，ご対応いただきましてありがとうございました。今後ともどうぞよろしくお願いします」

└──

ワークシート 5 - 3

　これまでの内容をもとに，2人ペアになって実習先に電話をかける練習をし，気づいたことや実際に電話をかける際の注意点を書き込んでみましょう。

┌──┐
│   │
│   │
│   │
│   │
│   │
└──┘

〜13　実習先へ依頼する時に具体的に気をつけた方がよい点は何ですか 〜

　依頼とは，ある要件を他者に頼むことです。そして多職種と連携する際には，依頼することが前提になります。つまり，実習先に対して依頼するという行為は，多職種連携を行う上でのスキルを磨く機会といえます。依頼する際に，最低限押さえるべきポイントは，①5W1Hを踏まえ正確かつ具体的に相手に内容を伝えること，②依頼するタイミングが相手の都合の悪い時間帯となっていないか留意すること，③相手に対し感謝の気持ちを忘れないこと，などが挙げられます。

3 書類作成の意義と方法

1 実りのある現場実習にするために

　ソーシャルワーカーの業務では，相談や面接場面だけでなく，時には必要な書類を作成し，その内容がクライエントとの信頼関係につながっていくことがあります。実習に関する書類作成を通して社会人としての一般的素養を高めることもできますので，一つひとつ，丁寧に書類を作成していきましょう。

　現場実習に向けた具体的な書類作成には，実習計画書に加え，養成校によって異なりますが，誓約書，実習生個人票の作成などがあります。いずれも実習先における実習生の理解や信頼関係の構築の基盤となるものであり，実りのある現場実習にするために重要な意味を持ちます。実習計画書は次節で詳細に取り扱うため，以下では誓約書と実習生個人票の作成に焦点を当てて考えていきます。

2 誓約書の作成

　現場実習を迎えるにあたって，誓約書を作成することがあります。誓約書とは一般的に「実習中に知り得た利用者に関する事柄については，守秘義務を遵守する」ことや「実習先の規則を守り，実習生として真摯に現場実習に取り組む」ことが記載されたものです。誓約書に記載の内容は利用者や実習先との信頼関係の基本となり，違反した場合には，実習中止だけでなく養成校と実習先との信頼関係にも影響が生じます。このように，誓約書の内容は，現場実習を行う上での基本的ルールになりますので，秘密保持・個人情報の保護，利用者への接し方など，それぞれの実習先の規則の主旨を理解した上で，実習生として真摯に現場実習に取り組むようにして下さい。そして，「実習をさせていただいている」という立場になりますので，実習前後は実習のことに専念できるように環境を整えましょう。

　誓約書に記載されている遵守すべき項目すべてに目を通し，自分の都合のよい解釈をして，いつの間にか違反しているような事態を避けるために，実習指導教員に記載項目の意図や具体例などを尋ねるようにしましょう。目を通し終わったら，署名し印鑑を押しますが，印鑑はシャチハタのようなインク浸透印（スタンプ印）ではなく，認印を使用します。

ワークシート 5 - 4

① 実習先が知りたい実習生の情報にはどのようなものがあるのか，実習生を迎える実習先の立場を想像しながら書いてみましょう。

----

② 守秘義務を遵守するために，実習中にあなたが取り組む（意識する）ことについて書いてみましょう。

----

③ 「実習生として真摯に現場実習に取り組む」とは，具体的にどのような態度や行動を示すのか，考えてみましょう。

> **14　書類を作成する時に具体的に気をつけた方がよい点は何ですか**
>
> 　書類を作成する上で，意識しておかなければならないことは，書類を受け取った他者がどのような印象をもつのかという点です。もし提出された書類の内容に不備があった場合，相手に対して正しい情報を伝えることができないだけでなく，ミスが多い人という印象を相手に与えてしまうかもしれません。そのため書類を作成した後，誤字・脱字はないか，文章は適切に記述されているかなど，確認することが必要となります。また作成した直後には気づかなかった間違いでも，翌日に読み返すと気づくこともありますので，1 日おいてから再確認することも必要かもしれません。加えて，文字の大きさや文章の配置など，体裁を整えることも大切です。

3 実習生個人票の作成

　実習生個人票はオリエンテーション前に実習先へ送付することを基本としています。実習先にとっては，実習生の基本情報，人となりを把握する重要な資料となります。養成校によって書式は異なりますが，実習生個人票に記載される主な内容とポイントは次の通りです。

　① 写　　真

　スーツもしくはそれに準じた服装で撮影します。万が一写真が剝がれてしまってもわかるように，写真のウラに，養成校名，学生番号，氏名を記載します。

　② 実習期間中住所

　下宿している実習生で，実習期間中は実家から実習先に通う場合などに記載します。現住所と同じであれば「同上」と記載します。

　③ 特技・資格

　実習指導者が実習プログラムを作成する際に参考にすることが多い項目です。取得している資格については正式名称で記載します。履歴書に書くことができるような内容のものをイメージすると書きやすくなります。

　　例：介護職員初任者研修課程修了，普通自動車免許など。

　④ クラブ活動

　現在だけでなく過去に所属していたクラブ活動も記載します。例えば，「野球部（高校時代）」のようにいつ所属していたのかを記入すると，読んだ人がイメージしやすくなります。

　⑤ 実習・ボランティア経験等

　福祉系の実習に行ったことがある場合は何の実習であったか，ボランティア経験がある場合にはどのようなボランティアをしているのか，それぞれ具体的に記載します。

　　例：施設見学（特別養護老人ホーム○○），児童養護施設でのボランティア（子どもの
　　　　見守り，学習支援）など。

　⑥ 身体状況等

　現場実習に臨むに当たって，実習先にあらかじめ知っておいてもらいたい内容を記載します。例えば，持病があって決まった時間に服薬をする必要がある，食物アレルギーがある，というように実習先にとっては，実習生が実習に専念できるような環境を作るための参考になります。実習先に事前に報告しておきたいことがなければ「特になし」と記載します。

　次頁に実習生個人票作成の練習用ワークシートを用意していますので，書き込んでみましょう。

ワークシート5-5

　実習生個人票に書いてみましょう。

実 習 生 個 人 票

学校名（　　　　　　　　　　　　　）

学 部 ・ 学 科 学　　　　　年	学部　　　　　　学科 年　　　学生番号		写真 （4×3cm） 上半身・脱帽・正面 6ヶ月以内撮影の 写真貼付
ふ り が な 氏　　　名	年　　月　　日生（　　歳）男・女		
現　住　所	〒 　　　　　　　　　　　TEL（　　　）　- 　　　　　　　　　　携帯電話（　　　）　-		
実習期間中住所	〒 　　　　　　　　　　　TEL（　　　）　- 　　　　　　　　　　携帯電話（　　　）　-		
緊 急 連 絡 先	（続柄）　　　　　　TEL（　　　）　- 　　　　　　　　　　携帯電話（　　　）　-		
実習指導教員			
特 技 ・ 資 格			
ク ラ ブ 活 動			
趣　　　　味			
実習・ボランティア経験等	期　　間	実習先・内容等	
身 体 状 況 等	1　健康状態　　（　　　　　　　　　　　　　　） 2　アレルギー　　有・無 　　　　　　　（　　　　　　　　　　　　　　　　　） 3　疾病・障害等実習先に事前に報告しておきたいこと 　　　　　　　（　　　　　　　　　　　　　　　　　）		

（　　　年　　　月　　　日　現在）

4　実習計画書の作成

1　実習計画書を作成する意味

　実習計画書を作成する意味とは何でしょうか。いま皆さんは，ソーシャルワーク実践に必要な知識を学んでいます。ソーシャルワーク実習では，学んだ知識と技術を統合し，社会福祉士（精神保健福祉士）としての価値と倫理に基づく支援を行うための実践能力を養っていかなければなりません。そのため，社会福祉専門職を目指す者として，ソーシャルワーク実習のねらいを理解し，事前学習の成果を具体的な形にしていくことが求められます。実習計画書の作成は，そのために不可欠なプロセスです。

　実際の実習計画書の項目を見てみましょう（190-191頁）。まず，ソーシャルワーク実習で自分自身が取り組むべき内容を簡潔に表現した「実習のテーマ」，次に自分自身がなぜソーシャルワーカーを目指したのかを明確にした「私にとってのソーシャルワーク実習の意義」，また事前学習での学びを整理した「実習先分野における基本的な理解」「ソーシャルワーク演習における気づき」があります。最終的には実習のテーマに基づいた「ソーシャルワーク実習の具体的達成課題」を導き出すことになります。このように，実習計画書とは，ソーシャルワーク実習にあたって必要な学びを具体化したものです。

2　私にとってのソーシャルワーク実習の意義

　ところで，実習の意義とは何でしょうか。実習とは，皆さんが将来ソーシャルワーカーになるために必要な学びを深める「実践」の場です。単に資格取得のために実習が必要だからという理由でなく，何のために自分は実習に行くのか，ソーシャルワーク実習で何を学びたいのかを明確にしておくことが大切です。

　そのため，第2章でも考えた「あなたが社会福祉士（精神保健福祉士）を目指した理由」をもう一度ふり返り，改めて考えてみましょう。あなたは，どのようなきっかけでソーシャルワーク（あるいはソーシャルワーカー）という言葉を知り，その仕事に興味・関心を持ちましたか。そして，あなたは社会福祉専門職として「ソーシャルワーカー」を志したのは，どのような理由からでしたか。目指したい「ソーシャルワーカー」とは，どういう存在ですか。目指したい「ソーシャルワーカー」となるために，実習では何を学んでおかなければならないのでしょうか。これらのことを，じっくり考えてみて下さい。

ワークシート 5−6

ソーシャルワーク実習Ⅰと実習Ⅱ（図3−1参照）に分けて書くようにして下さい。

① 実習計画書とは何かについて，自分の言葉で書いてみましょう。

----

② あなたがソーシャルワーカーを志した理由を書いてみましょう。

----

③ あなたのなりたいソーシャルワーカー像を書いてみましょう。

----

④ あなたが目指すソーシャルワーカーになるために，ソーシャルワーク実習で何を学んでおかなければならないかを書いてみましょう。

> **15　実習について何をテーマ（目標）にすればよいのかわかりません**
>
> 　実習で学べることは限られています。テーマは，福祉の現場でしか学ぶことができない具体的な内容を考えてみましょう。よく「コミュニケーションを図る」「ソーシャルワークの現場を知る」「これからの自分に活かす」等のテーマを目にしますが，これは実習では当たり前のことです。そのために，あなたはソーシャルワークの何をクライエントやソーシャルワーカーから学びますか。具体的な場面を想定して考えてみて下さい。

ソーシャルワーク実習のテーマ

　実習計画書における「実習のテーマ」とは，ソーシャルワーク実習で自分自身が取り組むべき具体的内容を表現した実習計画書のタイトルになるものです。それを読んだだけで，実習計画書に何が書いてあるかがすぐにわかるように簡潔かつ具体的な文言でなければなりません。

　テーマを挙げる際，「私にとってのソーシャルワーク実習の意義」で考えた「自分が目指すソーシャルワーカーになるためにこの実習で何を学んでおかなければならないのか」ということについて，もう一度整理してみるとよいでしょう。それは最終的に「ソーシャルワーク実習の具体的達成課題」とも連動しつながっていくものです。そこからテーマを導き出すこともできます。

4 実習先分野における基本的な理解

(1)　実習先分野の基本的事項の整理をしてみましょう

　ソーシャルワーク実習分野には，児童・高齢者・障害者等多くの分野があります。それぞれの分野の中には種別があり，さまざまな施設・機関が含まれています。例えば児童分野であれば児童養護施設，母子生活支援施設，児童心理治療施設，児童自立支援施設等の児童福祉施設，相談機関である児童相談所等です。まず実習先分野全体における基本情報として，法的根拠について調べ，「さまざまな施設・機関がどのような目的で設置されたのか」や「そこを利用する対象者はどのような人なのか」について理解しましょう。それ以外に，対象となる分野に関連する社会福祉制度やサービス，主な取り組みについて学び，その分野で働いている多くの専門職のことも調べて下さい。

(2)　実習先の基本的事項の整理をしてみましょう

　実習先の設置目的を法律等で再度確認しましょう。また実習先のホームページなどを利用して，運営主体や設立時の社会的背景・歴史を調べてみましょう。そして実習先の運営理念や方針，取り組まれている事業（プログラムやサービス内容），職員の配置や職種名称，人数についても知り，実習先の特徴について学びましょう。さらに，実習先の取り組みだけでなく，法人内外で行われている事業について体系的に理解しておくことも必要です。

　また，「利用者理解」は実習期間を通して必須となる課題です。「実習先を利用する人たちがどのような生活上の課題（ニーズ）を抱えているのか」「その関係者（家族・親族，友人等）の状況はどうなのか」などについて，事前学習で整理しておきましょう。他に，実習先がある地域の状況（人口動態，生活状況，産業等）も調べ，地域の特性を整理しておきましょう。

ワークシート 5-7

必要に応じて，ソーシャルワーク実習Ⅰと実習Ⅱ（図 3-1 参照）に分けて書くように
して下さい。

① ソーシャルワーク実習のテーマをいくつか挙げてみましょう。

　　・

　　・

　---

② 実習先分野全体について収集した情報（根拠法・設置目的・対象者等）を具体的に挙
げてみましょう。

　---

③ 実習先について収集した情報（運営理念・方針・事業等）を具体的に挙げてみましょ
う。

　---

④ 実習先の利用者や地域の特徴について事前に調べたことを挙げてみましょう。

5　ソーシャルワーク演習における気づき

　ソーシャルワーク実習では，利用者やその関係者（家族・親族・友人等），施設・事業者・機関・団体，住民やボランティア等とコミュニケーションを行い，円滑な人間関係を形成していくことが求められます。このために，ソーシャルワークのさまざまな場面と具体的な展開過程を想定し，実技指導（ロールプレイング等）を演習形式で受け，「実習」と「演習」を連動させます。

　ソーシャルワーク演習では，自分がソーシャルワークに必要な力をどの程度，実践の場面で発揮できるのか，個別または集団（グループ）で基本的なコミュニケーション技術（言語的技術・非言語的技術）を実際に試しながら確認して下さい。意外とこれまで気づいていなかった自分を発見するかもしれません。

　また，さまざまな対象者の事例を通して，支援を必要とする人が抱える課題を把握し，解決するための能力を磨きあげていくようにして下さい。そして，ソーシャルワーク演習を通して自己理解や他者理解を深め，ソーシャルワーク演習で得た自分自身の気づきを整理してみましょう。

6　ソーシャルワーク実習の具体的達成課題

　ソーシャルワーク実習の具体的達成課題とは，「ソーシャルワーカーの実践を学ぶ上で自分自身が達成したいと考える実習の具体的な内容や取り組み」です。皆さんがこれまで講義形式や演習形式の科目を通して学んできた成果を，実習先というソーシャルワーク実践の場で活かし深めていくことが大切です。

　「私にとってのソーシャルワーク実習の意義」をもとに，皆さんは「ソーシャルワーク実習のテーマ」を挙げたと思います。ソーシャルワーク実習の具体的達成課題は，こうした実習のテーマと連動した具体的な内容や取り組みでなければなりません。自分が挙げたテーマと具体的達成課題が結びついているか，確認することが重要です。

　ところで，ソーシャルワーク実習の具体的達成課題を考える上でのポイントは，何でしょう。以下でいくつか挙げてみましょう。

　まず，ソーシャルワーク実習で初めに実習先で出会うのは，その実習先のクライエントである「人」です。「人」を理解することから，支援は始まります。皆さんは，事前学習として実習先の情報収集を行い，実習先を利用する人たちが，どのような生活上の課題（ニーズ）を抱えているのか，調べたと思います。では，その「人」を理解するために，クライエントやその関係者との関わりを通して，あなたは何をどのように学ぶべきだと思いますか。それが，あなたの具体的達成課題の内容と結びつくことになるはずです。

ワークシート 5 - 8

① ソーシャルワーク演習での「演習」において自分自身で気づいたこと，まわりに気づかされたことを具体的に自分の言葉で書いてみましょう。

----

② ソーシャルワーク演習の気づきをどのようにソーシャルワーク実習に活かしていきたいと思いますか。自分の言葉でまとめてみましょう。

----

③ クライエントやその関係者との関わりを通してあなたは何をどのように学ぶべきだと思いますか。具体的に書いてみましょう。

> **16 「利用者を理解する」とはどういうことですか**
> 　利用者が抱えている病気や障害の特性を理解した上で，大事なことは専門職として利用者の思いに深く関心を寄せていくことです。病気や障害が同じでも，利用者は一人ひとりまったく違う存在です。これまでどんな人生を歩んできたのか，どうしてこのサービスを利用しているのか，これからどんな生活を送りたいのか，その人の立場になって考えてみることで，利用者の気持ちや思いが少しずつ理解できていくのではないでしょうか。

次に，実習先では，利用者理解を深めながら「ソーシャルワーカーの業務」を学んでいくことになります。その際，ソーシャルワーカーの業務だけでなく，そこで働くさまざまな専門職の業務についても触れる機会があるはずです。あなたは社会福祉専門職から，ソーシャルワーク実践の何を具体的に学びたいのでしょう。実習先の取り組みやその地域の社会資源とも絡ませながら考えてみて下さい。

さらに，ソーシャルワーク実践が社会福祉制度や政策，法律と，どのように結びつき，つながっているのかを考えてみることも大切です。ソーシャルワーカーの価値と倫理に基づきながら実践でそれらを円滑に活用していける方法を学ぶことは，皆さんが将来ソーシャルワーカーとなった時に大きな武器となるでしょう。

上記のポイントをはじめ，ソーシャルワーク実習の具体的達成課題では，これらの学びを深めるための具体的な方法を考えることが不可欠です。

7 ソーシャルワーク実習 I での学びと到達点

ソーシャルワーク実習 I（図3-1参照）での学びを実習評価票にそってふり返り，自己評価してみましょう。例えば，ソーシャルワーク実習 I の到達目標が「クライエントとの基本的なコミュニケーションや円滑な人間関係の形成」「クライエントやその関係者との援助関係の形成」「クライエントや地域の状況を理解し，その生活上の課題（ニーズ）の把握」の3つであれば，それぞれで設定された内容がどの程度達成できたか，その到達点について具体的に書いてみましょう。

皆さんが取り組んだソーシャルワーク実習 I の学びの内容は，次のソーシャルワーク実習 II を担当する実習先の実習指導者にも共有されます。そのため次のソーシャルワーク実習 II では，学びの継続性を意識し，ソーシャルワーク実習 I の学びの成果を踏まえ実習のテーマやソーシャルワーク実習の具体的達成課題を考えることが重要です。

8 事前学習の内容

事前学習は，ソーシャルワーク実習に取り組む前に習得しておくべき事柄を指します。そのため，実習計画書の「実習先分野における基本的な理解」を修得しておくことはもちろんのこと，「ソーシャルワーク実習の具体的達成課題」で挙げた内容については，ソーシャルワーク実習直前までに，それに必要な知識をできる限り学んでおくことが必要です。

事前学習で学んだソーシャルワーカーとして必要な「知識」を，ソーシャルワーク実習で「実践」し，それらを統合させ，実習が終わった後で「考察」することで実習の学びを深めることができるのです。そのため，第4章1を再度確認しておきましょう。

ワークシート5-9

　必要に応じて，ソーシャルワーク実習Ⅰと実習Ⅱ（図3-1参照）に分けて書くようにして下さい。

① ソーシャルワーカーからソーシャルワーク実践の何を学びたいですか。具体的に挙げてみましょう。

----

② ソーシャルワーク実践で社会福祉制度や政策，法律から何を学びたいですか。具体的に挙げてみましょう。

----

③ ソーシャルワーク実習Ⅰをふり返り，実習で何を学んだのか，到達点はどこか，残された課題は何かを具体的に書いてみましょう。

----

④ 実習で取り組むべき課題を達成するために必要な事前学習の内容を具体的に挙げてみましょう。

----

5 実習先におけるオリエンテーション

1 オリエンテーションの意義

　実習に必要な事務的な書類や実習計画書の準備ができれば，次はオリエンテーションに進んでいきます。オリエンテーションは，現場実習が始まる前に実習先を訪問し，実習指導者と実習生が対面して，実習内容をはじめ，実習生の状況の確認や実習関連書類の授受などを行う場です。オリエンテーションの実施は現場実習開始の約1カ月前を基本とするため，約1カ月半前に実習生から実習指導者へ日程調整の連絡を入れることが望ましいとされています。

　当然，オリエンテーションは単なる顔合わせの場ではありません。重要な役割の一つに，実習計画書の内容確認があります。実習計画書は性質上，実習指導教員と実習生との間で事前学習で学んだ内容を基本として「養成校内」で作成されたものです。つまり，オリエンテーション前の段階では，実習先の意向は反映されていない場合もあります。

　そこで，オリエンテーション時に実習生が実習指導者に対して，実習の目的・目標や取り組みたいことを提示し，現実的に取り組める内容であるかどうかを共同して確認していくことが必要となります。中には，実習までに事業内容や職員配置の変更や感染症の蔓延などの状況によって，実習計画書に記載している項目が実現不可能になっていることも考えられます。双方が実習に対してどのようなことを期待しているのか，事前に確認することで充実した実習をスタートさせることができます。

2 オリエンテーションの準備物

　オリエンテーションまでに必要な主な準備物は，①学びたい内容を反映させた実習計画書，②実習における遵守事項を確認し署名した誓約書，③実習先が求める関連書類（健康診断書等）が挙げられます。書類がすべて揃っていなければ，現場実習を予定通りに行うことができなくなる可能性があるため，注意が必要です。特に健康診断書や実習初日に持参する必要がある腸内細菌検査書類などは結果を入手するまでに一定の期間を要するため，計画的に準備する必要があります。

　また，何らかの理由により実習先に訪問することが困難な場合は，電話での確認や実習初日にオリエンテーションを受ける場合もありますが，その場合は必要な書類をいつ提出すればよいかを実習先に確認する必要があります。

ワークシート 5 -10

① 下記の電話例を参考に，オリエンテーションの日程調整の電話かけを練習してみましょう。

┌─ 実習指導者への取り次ぎの依頼 ─────────────────

　お忙しいところ恐れ入ります。○月○日から，社会福祉士の実習をさせていただく予定となっています○○大学○年生の○○と申します。この度は実習を受け入れて下さり，誠にありがとうございます。

　本日は，実習前オリエンテーションの日程の件で連絡いたしました。実習指導者の○○様は，いらっしゃいますか。

└─────────────────────────────────────

┌─ 実習指導者へのオリエンテーションの依頼 ───────────

　お忙しいところ恐れ入ります。○○大学○年生の○○です。実習に向けたオリエンテーションの件で，連絡いたしました。今，お電話よろしいでしょうか（取り込み中であれば都合の良い時間を確認し，かけ直すようにする）。

　（通話が可能と言われたら）ありがとうございます。オリエンテーションの日程ですが，ご都合の良い日時はございますか。

└─────────────────────────────────────

② オリエンテーションの電話かけの練習をして，気づいたこと，注意しなければならないことについて考えてみましょう。

┌╌╌ 17　実習中に「質問は？」と聞かれるけれど，なかなか思いつきません ╌╌┐

　社会福祉士であれば，240時間にもわたる実習の間，おそらくほぼ，毎日，その日の担当職員から終了時にはこの質問があるでしょう。「学生からは，その場で質問が出なくて大変だった」という発言は，実習終了後に実習指導者からよく聞かれます。「特にありません」や「思いつきません」などと毎回，答えてしまうと，多くの場合，実習指導者から「この学生は実習に対して非常に消極的である」と捉えられてしまう恐れがあります。では，どうすれば避けることができるのでしょうか。まず，前日にその日の記録を書きながら（あるいは，書き終えてから），「翌日の予定を確認し，実習内容を押さえておく」必要があります。多くの実習先で事前に予定表が配られますので，それをチェックし，その内容に関連する知識を最低限でも押さえておきましょう。そうすれば，例えば大学で習った内容と現場で行われていることの違いに気づくことができますし，そのことを質問することができるでしょう。もちろん，その場で「なぜ，担当の方はそうされたのだろう？」と感じることができれば質問につながります。

└╌╌┘

3　オリエンテーション当日

　オリエンテーション当日は，実習に向けた具体的な内容を抜け・漏れなく確認します。実習指導者より，作成した実習計画書の内容に関する説明や質問を受けた場合は記載内容の目的を具体的に説明します。

　オリエンテーションでは，「実習期間」「実習時間」「実習プログラム」「巡回指導・帰校指導日」などについて確認することがあります。巡回指導・帰校指導日については，事前に実習指導教員と確認しておくと話がスムーズに進みますが，実習先より提案を受けることもあります。また，実習先によっては利用者とともに食事を摂る時間を設けているため，食費が実習生の個人負担となることもありますので，その場合は金額と支払いの時期を合わせて確認しておきます。さらに，実習記録ノートに関する確認も必要です。「Aさん」のように利用者について書く時の記載方法，誤った記載をした時の修正方法，日々の実習記録の提出のタイミングや最終日の実習記録ノートの提出と受け取り方等を確認して下さい。これらに加えて，実習時の服装，通勤方法等，実習に関連するその他の内容についても実習先からの説明がなければ，質問して確認します。

4　オリエンテーション終了後

　オリエンテーションで確認した内容は，忘れないうちに整理してまとめておき，速やかに実習指導教員に報告します。公認欠席（公欠）届や実習用通学定期券の申請など，養成校の中で手続きが必要な場合は，規定に沿って手続きを取ります。

　また，実習前に事前課題として取り組む事柄や課題図書を実習指導者から指示されることもあります。提出方法や時期，課題の意図を実習指導教員と確認し，計画的に取り組んでいきましょう。実習計画書に見直しが必要な場合は，実習指導教員の指示のもと，指定の期日までに修正を行います。現場実習まであと少しです。オリエンテーションの内容をもとに，当日までに準備する必要があるものを計画的に揃えておきましょう。また第4章1で取り組んだ実習先の法的位置づけ，提供されているサービス，利用者の特性やニーズ，地域特性や社会資源などについて見直し，「有意義な実習を迎えるために今できることは何か」を意識して，事前学習に取り組んで下さい。

> ～ 18　実習先のオリエンテーションで具体的に気をつけた方がよいことはありますか ～
> 　オリエンテーションで実習先の方々に初めてお会いする人も多いと思います。第一印象をよくするために，服装や言葉遣いには気を配りましょう。また，服装ですが，オリエンテーションの内容によってはスーツではなく動きやすい服装を指定されることもあります。事前に確認しておきましょう。オリエンテーション当日は，伝えておきたいことや確認したいことなどをあらかじめまとめておくと，スムーズです。

ワークシート 5-11

オリエンテーションで確認した内容を記入してみましょう。

実　習　期　間	年　　　月　　　日（　　　）〜　　　年　　　月　　　日（　　　）	
実習時間／日数	実習時間	時　　　分〜　　　時　　　分【休憩：　　　分】
	実実習時間 （休憩・巡回指導時間を除く）	時間／日，計　　　時間【実習日数：　　　日】
	備　　考 （上記以外の早出・夜勤等の実習時間など）	
実習指導者氏名	費用の個人負担 （食費，宿泊費など）	ある（約　　　　　　円）　　　ない
事　前　課　題	ある（　　　　　　　　　　　　　　　　　　　　　　　　　　　　）　　ない	
実習内容について	【実習プログラムの概要（「利用者との作業」や「関係機関見学」など）】 【修正が必要となった実習計画書の内容】	
実習初日までに準備すべき物　等		
実習時の服装		
感染症予防・健康管理に関する注意事項		
毎日の実習記録の提出方法について		
最終日の実習記録の提出について		
実習記録ノートの書き方（実習内容の記述方法や修正方法など）		
実習記録ノートの受け取りについて	1．実習先へ訪問　【　　　月　　　日（　　　）　　　頃】 2．その他（　　　　　　　　　　　　　　　　　　　　　　　　　　　）	
その他 （実習指導教員に伝えておきたいこと）		

6 リスクマネジメントとしての感染症対策

1 リスクマネジメントとは

　まず,「リスク」とは,損失発生の可能性あるいは事故発生の可能性を指します。一方,「リスクマネジメント」とは,リスクが発現しないように管理し,発現した場合に損失を最小限に抑えるように対応することだといわれています。「リスクマネジメント」の第一歩は,「リスクの特定」,すなわち「リスクの洗い出しをすること」です。

　ソーシャルワーク実習におけるリスクには,「感染症」「事故」「個人情報の流失」「人間関係上のトラブル」等々が想定されます。

（1）　リスクの概要と対策

　①　感染症（次頁参照）

　新型コロナウイルスに関する問題は,今や全世界における最大のリスクだといわれています。実習中はもちろん,日頃の体調管理・感染症対策（3密を避ける,マスクをする,手指消毒など）を徹底して実習に臨んで下さい。

　②　個人情報保護

　ソーシャルワーク実習の性格上,対象者の個人情報に触れざるを得ない場面があります。「実習なのだから見せてもらって当たり前」などと考えてはいけません。本当は誰もが他人に自分の情報を開示したくはありません。それを前提に実習ではカルテ等を読ませていただき,実習記録も実習先のルール（氏名の記載方法や実習記録の扱い方など）に則って記入することを徹底して下さい。個人情報保護法の概要に関する事前学習も有効でしょう。

　③　事　　故

　万が一,実習中に事故を起こした場合（例えば,支援の間に利用者がケガをする等）,迅速に職員に報告し,実習先のルール・マニュアルに沿って対処する必要があります。その後,できるだけ早めに実習指導教員に詳細を報告しましょう。施設・機関内のハード面の特徴（段差・家具等の状態）や接する可能性がある利用者のADL等の情報を事前に得ておくことで事故を未然に防げる可能性が高まります。

（2）　三者の連携が最大のリスクマネジメント

　ここまで見てきたように,実習はあらゆる可能性が存在する場面の連続です。それらのほとんどが実習生には初の体験で,迷わないはずがありません。そのために,実習指導者・実習指導教員がいます。充実した実習を行うためにも,安全・安心な環境を整え

ることは最優先課題です。実習生は，できることとできないことを明確にすることに加え，知らないことを知っているふりをすることなどは避けなければなりません。養成校と実習先，さらに実習生がコミュニケーションを密に連携していくことで，より安全に実習が行えるようになります。

<table><tr><td>2</td><td>感染症の基本知識</td></tr></table>

　私たちの周りには，目には見えませんが，ウイルスや細菌など多くの微生物が存在しています。中でも，病原性を持つ微生物を病原体といいます。感染症とは，ウイルスや細菌などの病原体が人の体内に侵入して増殖し，発熱や下痢，咳などの症状が現れることをいいます。

　では，感染はどのような流れで起きるのでしょうか。感染する仕組みとしては，感染経路を介して病原体（感染源）を受け取る可能性のある人に病原体が入り込むことによって感染します。

　しかし感染しても，症状が現れる場合（顕性感染）と現れない場合（不顕性感染）があります。症状が現れない場合は，自分が知らないうちに，ウイルスや細菌を周囲の人に広げている可能性もあります。そのため，私たちは感染源と感染経路を理解しておくことが大切になります。

　主な感染源としては，病原体に感染した人や動物，病原体で汚染された食品や病原体が付着した物などがあります。対策としては，感染した人や動物を隔離したり，汚染された食品をつくっていた場所や病原体が付着した物を消毒したりすることが挙げられます。

　また感染経路としては，主に接触感染，飛沫感染，空気感染，経口感染，血液感染などがあります。

　接触感染は，感染している人の皮膚や粘膜への直接的な接触，病原体が付着しているドアノブや手すり，タオルなど物の表面を介した間接的な接触を通して，病原体が付着した手指を鼻や口へもっていくことにより感染します。例えば，MRSA（メチシリン耐性黄色ブドウ球菌）や疥癬などが代表例です。

　飛沫感染は，感染している人が咳やくしゃみをすることで，口から飛び散る病原体が含まれた飛沫を近くにいる人が吸い込むことにより感染します。例えば，インフルエンザウイルスや風しんウイルスなどが代表例です。

　空気感染は，感染している人が咳やくしゃみをした際に，口から飛び散った病原体が感染性を保ったまま，飛沫核（飛沫が蒸発し病原体が空気中を浮遊していること）となり，それを人が吸い込むことにより感染します。そのため，飛沫感染よりも空気感染のほうが広範囲の人を感染させる恐れがあります。例えば，結核菌や麻しんウイルスなどが代表例です。

　経口感染は，食中毒に代表されるように，病原体に汚染された食品を口の中へ入れる

ことにより感染します。例えば，腸管出血性大腸菌（O-157）やノロウイルスなどが代表例です。

血液感染は，感染している人の血液が人の傷口や粘膜に付着することにより感染します。例えば，B型肝炎やC型肝炎などが代表例です。

3 感染症対策・予防とは

（1） 感染症対策

感染症対策の原則としては，病原体を「持ち込まない」「持ち出さない」「拡げない」ことが基本です。そのため対策としては，病原体の排除と感染経路の遮断，そして，病原体を受け取る可能性のある人の抵抗力の向上が求められます。

具体的に，病原体の排除としては，汚染されているものを消毒剤につけたり，熱湯をかけるなどの消毒を行う，感染経路の遮断としては，手洗いやうがいの励行とともにマスクや手袋の着用，病原体を受け取る可能性のある人の抵抗力の向上としては，バランスのよい食事や睡眠をとり，適度な運動をするなど規則正しい生活を送ることが挙げられます。

特に前述の感染症対策の原則にも示されているように，「感染経路の遮断」は，感染拡大防止のためにも重要な対策となります。

したがって，実習期間内で，発熱や咳，倦怠感，下痢，嘔吐などの症状が生じた場合には，症状を軽視せずに，図5-2のような手順をふむことが実習生には求められます。

フローチャートのように，実習生は，体調不良になった場合には，速やかに，実習指導者（実習先も含む）と実習指導教員に連絡し報告することから始まります。そして，症状が落ち着いたら，医療機関を受診し，診断結果については原則として診断書を作成してもらいます。その診断結果を実習指導教員に報告します。実習再開までの間は原則，自宅待機となります。

一方の実習指導教員は，実習生から体調不良の訴えがあった場合には，実習指導者との定期的な連絡を行い，実習生から報告があった診断結果をもとに，今後の実習について実習指導者に相談します。実習指導者からの回答を実習生へ報告し，実習再開の目途が立てば，養成校（実習室）にも報告します。

実習生として大切なことは，「報告・連絡・相談（ほうれんそう）」を徹底することと，自分の言動が周りに与える影響について想像することです。

そのため，少しでも異変を感じたら，まずは実習指導者や実習指導教員に報告することです。実習を欠席すると迷惑をかけるのではないかと思い，報告しないまま無理に実習を継続すると，実習生の症状が悪化する恐れや，実習先へ感染が広がる危険性もあります。自らの言動が周囲にどのような影響を与えるのかを考えることも，実習生の姿勢として求められます。

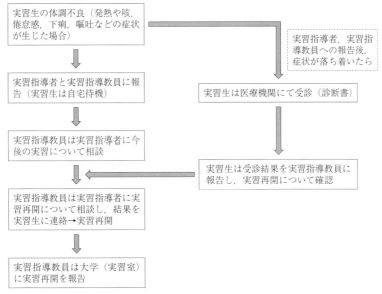

図5-2　実習生の体調不良から実習再開までの主なフローチャート
出所：筆者作成。

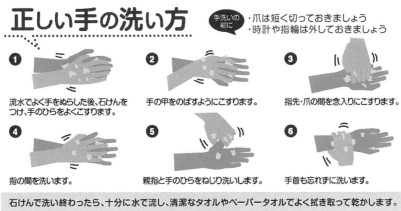

図5-3　正しい手の洗い方
出所：首相官邸HPより抜粋（2021年9月1日アクセス）。

（2）　感染症予防

　ここまで，体調不良になった場合の対応について説明してきましたが，何よりも大切なことは，体調不良にならないように努めることです。

　そのためには，正しい手洗い（図5-3参照）やマスクの着用，規則正しい生活を送ることが求められます。実習が始まってから正しい手の洗い方を行うのではなく，日頃から取り組むように心がけましょう。

4　自己管理の重要性

　実践を学ぶことができる実習先には，感染症への抵抗力を十分にもっていない恐れのある子どもや障害者，高齢者，手術後の患者などが生活しています。そのため実習生は，実習期間だけでなく，実習前から自身の生活習慣を見直し，必要に応じて生活リズムを整え，感染症への抵抗力を高められるような意識と行動が必要になります。

　学生生活の中では，授業がない日や午後からの授業の場合には，前日に夜更かしをしてしまい，夜間帯に十分な睡眠時間を確保しないため，昼夜逆転が起きやすくなります。また，さまざまな理由や状況から，朝食を抜いたり，栄養バランスのとれた食生活を送れていなかったりすることもあります。さらに，人間関係やその他の理由で，日頃からストレスを抱え，自身のもつ許容範囲をストレスの程度が超えると，不眠や食欲減退，意欲低下につながりやすくなります。

　したがって，健康な心身をつくるためには，十分な睡眠と栄養バランスのとれた食生活，そして過度なストレスを回避することが重要になります。

　人間の体の中に備わっている体内時計は，約24時間周期で生体リズムを生み出し，日中は活動状態となり，夜間は休息状態となります。そして，起床時に日光を浴び，就寝時には光を浴びることなく就寝することが，生体リズムを乱さないようにするために必要です。しかし，近年のように，夜間帯になっても，スマートフォンやパソコンの利用により，そこから発する光を浴びるようになると，生体リズムが乱れ，睡眠の質を低下させることにもなります。

　食生活においては，先の生体リズムへの悪影響として，起床後の朝食を抜くことや夜間帯に食事や間食を摂ることが挙げられます。また，体を動かす上でエネルギーになる「炭水化物」「脂質」をはじめ，体をつくる「たんぱく質」，そして体の調子を整える「ビタミン」「ミネラル」は，いずれも規則正しい生活を送る上で不可欠なものであり，どれかに偏ることなく，すべての栄養素をバランスよく摂取することが大切になります。

　またストレスとは，日常生活における人間関係や目の前の課題に取り組む時など，外部からの刺激を受けた時に生じる緊張状態のことを指します。そのため，日頃から自分の心身の調子を観察し，必要に応じて休息をとったり周囲の人に相談したりするなど，早めに対応することが重要になります。

　では，次の自己管理チェックリストを用いて，自分の生活や様子を定期的にチェックし，実習に向けての準備を始めましょう。大切なことは，自分の置かれている状況をまずは客観視し，対策の一歩を踏み出すことです。

ワークシート 5 -12

　自己管理チェックリストのチェック項目を読み，該当する箇所に☑を入れましょう。

◆実施日（　　　年　　　月　　　日）

チェック項目			
① 深夜まで起き，朝に起きないなど，昼夜逆転の生活を送っている	□毎日	□時々	□なし
② 就寝時に，スマートフォンやパソコンなどを見ている	□毎日	□時々	□なし
③ 横になっても，なかなか眠ることができない	□毎日	□時々	□なし
④ 朝食を抜いている	□毎日	□時々	□なし
⑤ 栄養素のバランスがとれた食生活を送っていない	□毎日	□時々	□なし
⑥ 深夜に食事や間食を摂っている	□毎日	□時々	□なし
⑦ 人間関係に悩んでいる	□毎日	□時々	□なし
⑧ 食欲がわかない	□毎日	□時々	□なし
⑨ やる気がおきない	□毎日	□時々	□なし
⑩ 悩んだり困っていたりする時に相談できる人がいない	□いない	□いる	

◆実施日（　　　年　　　月　　　日）

チェック項目			
① 深夜まで起き，朝に起きないなど，昼夜逆転の生活を送っている	□毎日	□時々	□なし
② 就寝時に，スマートフォンやパソコンなどを見ている	□毎日	□時々	□なし
③ 横になっても，なかなか眠ることができない	□毎日	□時々	□なし
④ 朝食を抜いている	□毎日	□時々	□なし
⑤ 栄養素のバランスがとれた食生活を送っていない	□毎日	□時々	□なし
⑥ 深夜に食事や間食を摂っている	□毎日	□時々	□なし
⑦ 人間関係に悩んでいる	□毎日	□時々	□なし
⑧ 食欲がわかない	□毎日	□時々	□なし
⑨ やる気がおきない	□毎日	□時々	□なし
⑩ 悩んだり困っていたりする時に相談できる人がいない	□いない	□いる	

体調管理記録・行動記録

ここまで説明してきたように，実習に向けての準備として，実習先に関連する専門知識や技術に加え，感染症対策や予防に関する知識を理解し，実習前から実践しておくことの重要性を理解できたのではないでしょうか。

本項では，実習生が安全に実習に取り組めるように，自己の体調管理と行動について記録し，実習指導教員や実習指導者に報告や確認してもらうことにより，実習生が感染リスクを抑える姿勢を習慣づけていく取り組みを説明します。手順としては，以下の通りです。

① 実習2週間前，実習中，実習後2週間の期間内は，毎朝，検温し，体調管理記録・行動記録に必要事項を記録し，該当箇所にチェックする。

② 体調管理記録・行動記録の記録後，「発熱」「風邪のような症状」「不要不急の外出の有無」の3点は，メール等で実習指導教員に毎朝，報告する。報告したら，「報告」の欄に〇を付ける。

　＊ここでの風邪のような症状とは，咳や強いだるさ，下痢・腹痛，味覚・嗅覚障害などを指している。

③ 実習2週間前から実習までと実習後2週間は実習指導教員に，実習中は実習指導者に記録内容を確認してもらい，確認印をいただくようにする。

体調管理記録・行動記録（実習中）

| 学生番号 | | | 氏名 | |
| 実習先 | | | | |

No.	日付	体温（℃）	咳などの風邪症状	強いだるさ	下痢腹痛	味覚・嗅覚障害	左記の症状なし	前日の外出状況（場所・時間）	報告	実習指導者印
例	〇／〇	36.5	☐	☐	☐	☐	☑	スーパーへ買い物1時間程度	〇	
	／		☐	☐	☐	☐	☐			

37.5℃以上の発熱や風邪のような症状がある場合には，実習指導教員と実習指導者に報告し，指示に従います。なお，37.5℃はあくまでも目安であり，実習生の日頃の基礎体温によっては基準を変更することもあります。

では，次の体調管理記録・行動記録を用いて，自身の体調管理や行動をチェックし，まずは実習指導教員に報告することを習慣づけるために，試験的に取り組んでみましょう。

テスト用では，1回につき7日間を2回分準備しています。実習指導教員に毎朝，メール等で報告し，面談時には確認後，押印してもらいましょう。

ワークシート 5-13

実習に向けて，体調管理記録・行動記録を記入してみましょう。

体調管理記録・行動記録（テスト用）

学生番号			氏名	
実習先				

No.	日付	体温 (℃)	咳など の風邪 症状	強い だるさ	下痢 腹痛	味覚・ 嗅覚障 害	左記の 症状 なし	前日の外出状況 （場所・時間）	報告	実習指導 教員　印
例	○／○	36.5	☐	☐	☐	☐	☑	スーパーへ買い物 1時間程度	○	
1	／		☐	☐	☐	☐	☐			
2	／		☐	☐	☐	☐	☐			
3	／		☐	☐	☐	☐	☐			
4	／		☐	☐	☐	☐	☐			
5	／		☐	☐	☐	☐	☐			
6	／		☐	☐	☐	☐	☐			
7	／		☐	☐	☐	☐	☐			

体調管理記録・行動記録（テスト用）

学生番号			氏名	
実習先				

No.	日付	体温 (℃)	咳など の風邪 症状	強い だるさ	下痢 腹痛	味覚・ 嗅覚障 害	左記の 症状 なし	前日の外出状況 （場所・時間）	報告	実習指導 教員　印
1	／		☐	☐	☐	☐	☐			
2	／		☐	☐	☐	☐	☐			
3	／		☐	☐	☐	☐	☐			
4	／		☐	☐	☐	☐	☐			
5	／		☐	☐	☐	☐	☐			
6	／		☐	☐	☐	☐	☐			
7	／		☐	☐	☐	☐	☐			

～ 19　体調管理をうまくできるか不安です ～

　　実習中は普段とは違う環境で気疲れしたり，実習記録の作成に時間がかかり睡眠不足になることも多いと思います。実習中は休める時はしっかり休むことが大事になってきます。万が一体調が悪いと感じた場合は，無理をせず実習先や養成校に相談をしましょう。実習が休めないからと無理をして実習を続けたことで，利用者に風邪をうつしてしまう恐れもありますので体調が悪くなった時は無理をしないことが大切です。

注

(1) 山崎紅『社会人基礎力を鍛える新人研修ワークブック』日経 BP 社，2014年，33頁。

(2) 津田耕一『福祉現場で必ず役立つ利用者支援の考え方』電気書院，2017年，140頁。

ワークノート 5－1 （31頁） 解答例

① 実習中に想定される場面の挨拶について考えてみましょう。

場　　面	挨　　拶
出勤	おはようございます・よろしくお願いします
退勤	ありがとうございました・お先に失礼します
日誌の提出	日誌をお願いします
実習内容の指導後	ありがとうございました
実習態度の注意を受けた	申し訳ありません
職員（ワーカー）室に入る	失礼いたします
職員（ワーカー）室を出る	失礼いたしました
利用者と初めて会う	○○○○と申します・よろしくお願いします
実習最終日	本日までありがとうございました

② 次の言葉を尊敬語に整理してみましょう。

日常語	尊敬語	謙譲語
言う	言われる・おっしゃる	申し上げる，申す
聞く	聞かれる・お聞きになる	伺う，拝聴する
見る	見られる・ご覧になる	拝見する
行く	行かれる・いらっしゃる	伺う，参る
知る	ご存知・お知りになる	存じ上げる，存じる
帰る	お帰りになる	失礼する
会う	会われる・お会いになる	お目にかかる
食べる	食べられる・召し上がる	いただく，頂戴する
する	される・なされる	いたす

出所：稲本恵子・白井弘子・吉浦昌子『大学生の社会人準備講座 社会人基礎力』晃洋書房，2018年，31頁。

第 6 章

実習記録の作成方法を
理解しよう

1 実習記録を作成する意義

　実習記録は，その日に実習で行ったことや実習で学んだこと・考察したことを記入する書類の一つです。実習記録の書式は養成校により異なりますが，実習記録の見本（例）を巻末資料（192-194頁）に掲載しています。実習では，実習前・中・後にさまざまな書類を作成しますが，それらはすべて「実習記録ノート」に綴じられています。ノートを手に取ったら，いつ，どのような書類を準備したり，作成する必要があるのかをよく確認しましょう。「実習記録ノート」の中でも，特に実習記録を作成することには，次のような意義があります。

　第1に，実習記録はその日の実習内容を整理し，自らの取り組みをふり返るものであり，記録の作成を通して，実習体験を考察・自己評価できることに意義があります。具体的には，その日の実習内容を時間の経過に沿って整理し，実習目標に沿って取り組みをふり返ることで，気づいたこと，学んだこと，考えたこと，さらには疑問点や残された課題など，自分の実践について考察を深め，評価することができます。また，翌日以降の実習目標や取り組み方を考える上でのヒントを見出すことにもつながります。実習後には，実習全体のまとめや実習報告を作成するための資料や，事後学習の資料としても役立ちます。実習記録は将来に向けた記録の練習にもなり，いただいたコメントを含めてソーシャルワーカーとして仕事をする上での貴重な財産となります。

　第2に，実習記録は実習内容を伝えるものでもあり，実習指導者や実習指導教員から助言・指導・評価を受けるための資料として活用できることにも意義があります。実習指導者や実習指導教員は，実習記録を通して，実習生がどんなことを学んだり，考えたり，疑問を持ったり，悩んだりしているのかを把握し，必要な指導や助言を（適切に）行ったり，その取り組みを評価することができます。時には，実習記録ノートにおいて，実習生が実習で観察したり，考察したことを記した内容が実習先の体制や職員の業務，支援内容を見直すきっかけにつながることもあります（そのような場合は，実習記録が実習先のサービスの質の向上につながる視点を提供する貴重な資料となります）。また，実習生にとっても，将来に向けて，福祉の現場で記録を作成する練習にもなります。実習終了後

> **20　実習に行くまでに身につけるべき技術（スキル）は何ですか**
> 　技術と呼ぶかは定かではありませんが「物事に対して疑問を感じる力」は重要だと思います。なぜこのような声かけをしているのか，なぜこのような取り組みを行っているのかなど，クライエントや実習指導者，実習指導教員の言動に対して「なぜ」「どうして」という疑問を感じて質問し，時には自分で考えることでより理解が深まります。映画やドラマ，ドキュメンタリーなどの登場人物の言動を注意深く観察して疑問を持つ練習をしてみましょう。

は，実習指導教員から事後指導を受けるための資料としても役立ちます。

2　実習記録の書き方

　実習記録には，その日の目標や実習内容を記録する表面と，実習場面を踏まえた考察を行う裏面があります。実習記録の記入方法は，養成校や実習先の指導方針によって異なりますが，ここでは記録用紙の項目に沿って，一般的な書き方を紹介します。

1　目標の立て方

　実習では，単なる指示待ちではなく，実習指導者に確認をとりながら，"自分で考えて，取り組む"ことが求められます。そのためには，目標をしっかり設定することが大切です。毎日の目標を立てる上では，次のような 5 つのポイントが挙げられます。

（1）　今日の予定から目標を立てる

　その日の実習目標は，原則，実習に入る前に立てます。実習先によっては，実習当日に今日の目標として，実習生が実習指導者やその日の実習を担当する職員に伝えるところもあります。

　もし，オリエンテーションなどで，事前に実習内容が決まっていない場合は，翌日のプログラムを実習先の実習指導者に前日までに確認しておくとよいでしょう。万が一，当日の朝まで予定がはっきりしない場合は，実習内容が確定した時点で目標を立てることになるため，実習しながら目標を考える必要があります。実習後，その日に取り組んだ内容に合わせて実習目標を記入するような方法はとらないようにしましょう。

（2）　「実習計画書」で設定した実習の具体的達成課題を基に目標を立てる

　実習生は，「実習計画書」の中で，実習テーマやそれに取り組むためのいくつかの具体的達成課題を挙げています。それらを毎日の目標とすることができます。もし，1 日だけで具体的達成課題に取り組むことが難しい場合は，課題の内容を数回に分けて目標を立て，取り組むなどの工夫をしましょう。

> **21　実習記録で記入する目標や内容が毎日同じにならないか不安です**
>
> 　まずは，実習前に作成した実習計画書に注目しましょう。そこには，あなたが学びたいことがまとめられていると思います。そして，現在の実習内容と実習計画書を突き合わせ，実習計画書の内容を学ぶために，今の実習内容ではどうすればよいのかを考えると，目標が見えやすくなるかと思います。また，養成校で学んできた理論やアプローチ，倫理綱領を現場で順に活用すると，例えば，利用者理解でも，違った視点からの学びになるため，同じ内容の繰り返しが避けられると思います。

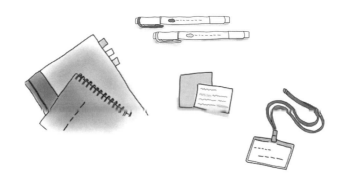

（3）　これまでの実習での反省点や残された課題から目標を立てる

　実習生の中には，「毎日同じ日課だから，目標も同じになる…」という声もありますが，利用者の状況は日々，刻一刻と変わります。これまでの実習での反省をもとに，翌日改めて同じ目標に取り組むこともあります（ただし，同じ目標を何度も立てないようにしましょう）。ふり返りの内容が深まるほど，次に取り組むべき課題，立てるべき目標がみえてきます。

（4）　達成可能かつ具体的な目標を立てる

　目標を立てる際には，どのような方法で，どのようなことに配慮しながら，何を学びたいのか，そこから何を考えるのかをできるだけ明確にすることが大切です。例えば，「子どもたちとたくさんコミュニケーションをとる」「利用者と適切なコミュニケーションをとる」ではなく，「遊びを通して，子どもたちの安全にも配慮しながら，積極的にコミュニケーションを図る」「利用者とコミュニケーションを図り，その人の会話のリズムに配慮しながら，傾聴の重要性について考える」といったように，自分が取り組もうとしている内容をできるだけ具体化することを心がけてください。

（5）　特定の利用者を対象とした目標を立てる──利用者理解を深めるために

　特定の人を対象とした目標を立てる場合は，記入方法（名前の表記など）を実習指導者に事前に確認しておく必要があります。例えば，「I・H さんとコミュニケーションを図り，施設の生活に対するご本人の思いについて理解を深める」など，イニシャル表記をするなどの配慮が必要です。

　22　実習記録がうまくまとめられず悪戦苦闘して睡眠不足になっています

　実習記録をまとめるのは本当に大変ですよね。筆者も実習生だった頃，実習の序盤は3〜4時間かかっていました。しかし，それによって睡眠不足になると，翌日の実習への学びや体調にも悪影響を及ぼしやすくなります。万全の体制で実習に臨めるからこそ，中身のある実習記録が書けるようになります。したがって，実習指導者や実習指導教員に早めに相談し，まとめ方の指導を受けたり，毎日の提出について相談したりするなど，1人で悩まないようにして下さい。

ワークシート 6 - 1

① あなたが実習で学びたいことは何ですか。

　　例：利用者とのコミュニケーションについて

----

② ①について，特にどんなことに気をつけて実習しますか。

　　例：利用者の言葉に耳を傾けること

　　　　利用者の非言語表現に目を向けること

----

③ ①・②を基に，目標を具体的に立ててみましょう。

　　例：利用者とコミュニケーションを図り，非言語の重要性について理解を深める。

　　※ 第6章2（1）「目標の立て方」（69-70頁）を読み返した上で，目標を設定して
　　　みましょう。

----

2 実習内容の書き方

　実習記録の表面にある実習内容には，「主な取り組み」と「具体的内容（実習生の動き・気づき等）」の項目があります（図6 - 1参照）。

　「主な取り組み」では，自分が取り組んだ内容を時間の経過に沿って記入します（何時に何をしたかを書きます）。その際，実習時間については24時間表記を用います（0：00～23：59，時と分はコロンで分けて書きます）。

　「具体的内容（実習生の動き・気づき等）」では，どのような学習や体験を行ったのか，そこからの気づきについてもできるだけ詳しく具体的に記入しましょう。例えば，「11：00」に「利用者とコミュニケーション」や「13：00」に「グループホーム見学」だけでなく，「利用者とコミュニケーション」については「3階フロアで3人の利用者の方々と昔の遊びについて話をした」，「グループホーム見学」については「施設の職員構成や業務内容，入居者の状況などについて学習した」といった内容も記入します。そ

の日に実習した内容を具体的に書くことで，一日の流れをふり返るとともに，後述する実習場面を踏まえた考察が記入しやすくなります。時系列に実習で取り組んだ内容を記憶しておくことは難しいため，休憩時間などを活用して，実習で取り組んだことや気づいたことを忘れないうちにメモしておきましょう。

　実習種別や実習先によっては，実習内容において，自分の動き，職員の動き，利用者の様子を分けて記入するような説明を受ける場合もあります。それぞれ記入の様式が異なるため，詳細については実習指導者の指示にしたがって下さい。

	実　習　記　録	
実習生　学生番号＿＿＿＿＿＿＿＿		氏名＿＿＿＿＿＿＿＿

年　　　月　　　日　　　曜日

今日の目標

時　　間	実　習　内　容	
	主な取り組み	具体的内容（実習生の動き・気づき等）
9：00	実習開始	実習指導者と今日の目標や実習のプログラムを確認した。
9：30	サービス調整会議に同席	○○，△△などの方々が出席されており，利用者の地域生活支援について話し合われ，〜が確認された。会議開催にあたっては，生活相談員が……の役割を担っておられることを学んだ。
11：00	利用者とコミュニケーション	3階の共用スペースで，利用者の皆さんとコミュニケーションを図る時間をいただいた。
12：00	昼食（休憩）	
13：00	グループホーム見学	実習指導者から実習内容の書式についてご指導をいただいた場合は，その内容に従って記入して下さい
	（中略）	
17：00	実習終了	
実実習時間 7 時間	実実習時間を計算する際は，休憩時間や巡回指導時間を除きます ※養成校の指示に従うこと	※毎日実習指導者に提出すること

図6-1　実習内容の記入例

出所：筆者作成。

3　実習場面を踏まえた考察の書き方

　実習場面を踏まえた考察は，実習での取り組みをふり返り，考察・自己評価する非常に重要な欄です。実習での出来事だけを述べたり，自分が思い，感じたままに記入しただけの内容では不十分であり，次の4つのステップをよく理解して，記入する必要があります。

（1）　実習目標に沿って「一番，印象に残った場面」を選ぶ

　実習場面を踏まえた考察では，1日あったことをすべて書き連ねるのではありません。実習目標に沿って，実習生として，達成感を得たり，問題意識が深まったり，疑問などが芽生えたような場面（多くても2場面まで）を選択します。

（2）　選んだ場面における**客観的事実**を記入する

　客観的事実とは，誰もがそうであると認められる事実を意味します。このような客観的事実を記入する際は，一般に，自分が「見たこと・聞いたこと」（見聞）や「言ったこと・行ったこと」（言動）のみを記入します。「〜と思った」「〜と感じた」「〜とわかった」「〜が重要だと考える」といったような主観や主張，「〜のようだった」といった推測による表現は用いないようにしましょう。

　客観的事実は，誰が読んでもその場面が思い浮かぶように，5W1H〔when, where, who, why, what, how, より詳細には，6W3H〔when, where, who, why, what, whom, how, how long, how much〕と示されることもあります）に基づいて記入します。実習記録も公式な記録として位置づけられることもあり，まれに法的な場で有力な証拠として活用されることもあります。第三者から閲覧の申し出があった時に開示できるよう，誰もが理解しやすく，正しく記入することが大切です。

　客観的事実のうち，自分が「見たこと・聞いたこと」として，利用者の様子や自分の言動に対する反応があります。これらについては，言葉，表情，視線・目線，しぐさ，動作，姿勢，態度，行動などをよく観察し，できる限り具体的に書きましょう。「頬を赤らめて，ゆっくりとうなずかれた」「本人から『〇〇が痛い』という訴えがあった」「手足をこきざみに動かし，表情がこわばり，イライラしている様子が見られた」などはその一例です。実習では，コミュニケーションを通して，目の前にいる利用者がどのような思いで生活をされているのか，どのようなことを楽しんだり，悲しんだり，思い悩んでおられるのかをしっかり感じとることが重要です。利用者の中には，言葉で自分の思いや気持ちを伝えられない場合もあります。五感をフルに使って，相手をしっかり観る，聴くことが重要であり，客観的事実の記入では，特に，観察力や感性，そしてそれらを表現する力が問われるといえるでしょう。

　このような利用者の様子や反応に加えて，自分の言動や，実習指導者から受けた助言や指導などもあれば客観的事実として記入します。

（3） 選んだ場面に関する考察を記入する

　考察では，学んだこと，考えたこと，感じたこと，気づいたこと，疑問に思ったこと，自分自身の取り組みについての反省点，今後に向けて改善すべき点や残された課題などを書きます。その際には，単に「〜を学んだ」「〜について考えた」などではなく，"なぜ"そのような学びがあったのか，"どうして"そのようなことを考えたのか，（2）で記入した内容，すなわち客観的事実を"根拠"に述べる必要があります。記入する際は，文章全体のどこからが考察にあたるかが読み手にわかるよう，段落を入れましょう。

（4） 考察を深めるために，利用者の状況や施設及び機関の役割をいろいろな角度から捉える

　選んだ場面について考察する際，利用者の状況を自分が関わった範囲のみで判断したり，実習先の役割を実際に参加した事業や活動の内容だけで捉えてしまいがちです。それぞれの場面について，考察をより深めるためには，利用者の状況や，実習先の事業や活動をさまざまな角度から捉える必要があります。

　例えば，利用者との関わりを取り上げた場合では，利用者との直接的な関わりに加え，ケース記録などを参考に，生活歴・家族歴・既往歴や，家族関係，地域とのつながり，さらには関係する施設・機関との連携，活用されている法制度などを踏まえて，現在の利用者の状況を身体的・精神的・社会的な側面から把握する視点が求められます。また，実習先について学習した場面では，実施されている事業や活動，ならびに各種行事の目的・意義，関連する法制度，施設・機関内の専門職の連携，地域における社会資源（どのような社会資源があるのか），ネットワーキングの状況（どのような人・機関がどのように関わっているのか），実施までのプロセスなどを踏まえて，実習先，社会福祉士や精神保健福祉士をはじめとする専門職の役割や機能を見出していく視点が求められます。

　考察に際しては，勝手な思い込みや憶測による記述とならないようにするためにも，その日のうちに実習指導者などに質問し，できるだけ正確な情報を集めておくことも大切です。この他，実習記録で取り上げた場面について質問したいことがある場合には，実習場面を踏まえた考察を通してうかがうことができます。その際，「なぜ，〜なのか（おかしい）」と批判的な文章とならないよう，十分に配慮しましょう。早急に回答を必要とする場合は，実習指導者やその日の実習を担当する職員に直接たずねたり，忙しくされているようであれば，メモを残すなど，別の方法で質問しましょう。

　実習場面を踏まえた考察では，客観的事実の羅列にならないよう，考察の部分をできるだけ多く記入しましょう。実習指導者は，実習生が実習体験を通して，どのようなことを感じ，何を学んだのかに関心を寄せており，考察が深められていると，「良い気づきができている」「もっとこんな点に目を向けて，考えてほしい」など実習生の学びに応じたコメントを返すことができます。最初は難しいかもしれませんが，客観的事実より考察の記述を徐々に増やすことができるよう努力していきましょう。

　図6-2・3は，ソーシャルワーク実習Ⅰ及びソーシャルワーク実習Ⅱ（図3-1参照）
の実習記録（裏面）の書き方のポイントです。それぞれの書式に沿ってどのように記入
すればよいのかを確認しましょう。

実習場面を踏まえた考察
1．実習場面について（見聞きしたこと，自分の言ったこと・行ったこと）＊5W1Hに沿って書く
　今日の午前中，施設の1階にある共用スペースで行われた地域のボランティアの皆さんによ
る楽器演奏会に参加した。演奏会が始まる前，利用者の方々は，……
➡　**取り上げる実習場面について，どのような場面であったのかを書きましょう**

2．実習場面を通して（学んだこと・考えたこと）
　この場面から，利用者にとって，地域の皆さんが施設へ来られることがどのような意味を持
つのかを考えた。……
➡　**1．で記入した内容を踏まえて考察を記入しましょう**

3．自分自身について（できたこと・できなかったこと）
　演奏会では，利用者と演奏を聴くだけに終わってしまい，利用者の様子を観察したり，支援
者として必要な配慮をすることができていなかったことが反省点である。……
➡　**実習生として，支援者としての自分はどうであったか，自らの取り組みをふり返りましょう**

4．今後の課題
　今後は，実習先と地域のつながりについて学びを深めるとともに，各場面において，利用者
の状況をよく観察しながら，必要な支援について配慮していくことが課題である。……
➡　**2．と3．で記入した内容を今後の目標設定につなげていきましょう**

実　習　指　導　者　の　助　言
実習指導者名　　　　　　　　　印

　　　図6-2　実習記録（裏面）の書き方のポイント（ソーシャルワーク実習Ⅰ）
出所：筆者作成。

実習場面を踏まえた考察（気づいたこと，学んだこと疑問に思ったこと，残された課題など）

　今日の午後，地域で一人暮らしをされているAさんのご自宅を実習指導者と同行訪問させていただいた。Aさんは車椅子を利用されており，ご自宅は玄関先や室内で移動がしやすいよう，バリアフリー仕様となっていた。Aさんは実習指導者と私を笑顔で出迎えて下さった。私たちは玄関近くの居間にあがらせていただき，最近のお身体の具合やサービスの利用状況などについてお話をうかがった。……

➡ 取り上げる実習場面について，どのような場面であったのかを書きましょう

　この場面を通して，高齢者の方が住み慣れた地域で生活することの意味を考えることができた。具体的には，ご本人の言葉やお話される様子から，いくつか気づかされた点があった。まず，……

➡ 取り上げた場面の内容（客観的事実）を踏まえて考察を記入しましょう

実　習　指　導　者　の　助　言
実習指導者名　　　　　　　　　印

図6-3　実習記録（裏面）の書き方のポイント（ソーシャルワーク実習Ⅱ）

出所：筆者作成。

- 23　実習記録に質問を書いてもよいですか -

　実習記録を作成する中で，疑問に感じることがあり，実習記録の最後に質問を書くことは決して悪くないと思います。ただ，実習指導者が業務等の関係上，毎日，実習生の実習記録を確認しているとはいえないこともあり，早めに質問への回答がほしい場合には，間に合わないことがあります。したがって，実習指導者からの指示がない限りは，原則，翌日以降に実習指導者や実習先の職員に直接，質問した方が望ましいでしょう。

4　記入上の留意点

実習記録は，以下の点に留意して記入する必要があります。

① 消すことのできない黒ボールペンを使用しましょう。

② 文字は楷書で丁寧に書きましょう。

③ 語尾は「～である」調で書きましょう。

　　原則として，「客観的事実」は過去形，「考察・自己評価」は現在形で記入します。

④ 主語や述語のつながりを明確にしましょう。

⑤ 簡潔でわかりやすい文章を書きましょう。

⑥ 内容ごとに段落を入れましょう（書き始めの一文字を下げます）。

⑦ 文と文の意味関係を明確にするために接続語を活用しましょう。

　　例：「まず」「次に」「そして」「しかし」「なぜなら」

⑧ 会話部分には「」をつけましょう。

⑨ 口語的な表現，俗語，流行語などを用いないようにしましょう。

　　例：「なので」「テンションをあげて」

⑩ 造語や省略語，具体性を欠いた抽象的表現は用いないようにしましょう。

⑪ 漢字や言葉の意味が曖昧な場合は辞書で調べながら書きましょう。

⑫ 専門用語は，教科書や社会福祉用語辞典などで意味を確認しましょう。

⑬ 利用者や家族，職員のプライバシーに配慮して記入しましょう。

　　氏名の記入（例：イニシャル形式，Ａさん・Ｂさん形式）や年齢の記入については，

　　オリエンテーションで実習指導者に確認しておきましょう。

⑭ 利用者の尊厳を十分考慮して記入しましょう。

　　「～させる」といった，利用者に物事を強制するような表現は用いないようにし

　　ましょう。

⑮ 実習先批判，職員批判の表現にならないように注意しましょう。

⑯ 内容を必ず読み返し，誤字・脱字がないかをよく確認しましょう。

　　通常，記録した内容を修正する場合は，該当する箇所に二重性を引いて訂正印を

　　押し，書き換えた文言を添えて，修正箇所がわかるようにします。

　　修正液や修正テープなどは使用しません。

　　修正方法については，オリエンテーションで実習指導者に確認しておきましょう。

⑰ 空欄がないよう，最後の行までしっかりと記入しましょう。

3　実習記録等の提出と取り扱い

1　実習記録の提出方法と管理

　実習記録は原則その日のうちに記入し，指示された提出期限・方法を厳守しましょう。実習記録を提出する時間や場所は，実習先によって異なるので，オリエンテーション時などに実習指導者に確認しておきましょう。実習指導者の業務上の都合により，実習記録を返却いただく日が遅れたり，助言欄に記入していただけなかったりする場合がありますが，実習生は欠かさず実習記録を提出して下さい。

　また，実習記録の提出・返却については，実習生自身でしっかり管理しておく必要があります。特に，実習記録には多くの個人情報が記入されています。実習先と自宅を行き来して「実習記録ノート」を持ち運ぶ際，実習記録を絶対に紛失したりすることのないよう，取り扱いには十分注意しましょう。

2　個人情報保護のための取り組み

　福祉サービスが提供される実習先においては，現在行われている支援やすでに終結した支援についての記録をはじめ，業務管理記録，事例記録などさまざまな記録があります。いずれも公式記録であり，個人情報が多く記載されていることから，取り扱いや保管に厳重な注意を払う必要があります。例えば，関係機関で記録に記載された情報を共有したり，実習生に記録の内容を開示するにあたっては，利用者から承諾を得ていることを承諾書等で明文化する必要があります。日常の記録についても，利用者の承諾を得るとともに，記録する場所，記録ファイルの持ち運び，記録の保管場所や方法などについてガイドラインを作成するなど，個人情報保護のための取り組みが求められます。[1]

　個人情報保護については，「個人情報の保護に関する法律」（以下，個人情報保護法）（2003年5月成立・公布，2005年4月施行）が法的な根拠となっています。この法律（第2条第1・2項）において，「個人情報」は次のように定義されています。

① 生存する個人に関する情報。
② 当該情報に含まれる氏名，生年月日その他の記述等（文書，図画若しくは電磁的記録で作られる記録）に記載され，若しくは記録され，又は音声，動作その他の方法を用いて表された一切の事項（個人識別符号を除く）により特定の個人を識別することができるもの（他の情報と容易に照合することができ，それにより特定の個人を

識別することができることとなるものを含む）。

③　個人識別符号が含まれるもの（次の各号のいずれかに該当する文字，番号，記号その他の符号のうち，政令で定めるものをいう）。

・特定の個人の身体の一部の特徴を電子計算機の用に供するために変換した文字，番号，記号その他の符号。

・個人に提供される役務の利用若しくは個人に販売される商品の購入に関し割り当てられ，又は個人に発行されるカードその他の書類に記載され，若しくは電磁的方式により記録された文字，番号，記号その他の符号。

　具体的には，個人の氏名，性別，生年月日の他，身体，財産，職種，役職等の属性に関するすべての情報を含みます。文字情報だけでなく，写真・映像・音声，個人識別符号などによって「特定の個人を識別できる」場合は「個人情報」となります。

　福祉サービスが提供される実習先においても，支援のプロセスで把握されるサービス利用者の状況や生活環境，その他のサービスや制度の活用状況等の情報が収集，活用，管理されています。それらを記録したものは，そこに記載された氏名，生年月日などから，特定の個人を識別することができるため，匿名化されたものを除いてすべて「個人情報」に当たります。この他，利用者の家族，ボランティア，実習生などに関する情報も同様に「個人情報」となり，法人内で扱われる個人に関する情報のほとんどは「個人情報」として取り扱う必要があるといえます[(2)]。個人情報の適切な取り扱いのためのガイドラインとしては，厚生労働省 個人情報保護委員会による「医療・介護関係事業者における個人情報の適切な取扱いのためのガイダンス」（2017年，2022年一部改正）などがあります。

　実習先においては，実習生もさまざまな個人情報を取り扱うことになります。先に述べた，実習記録の管理はもちろんですが，その他，実習中には，支援記録の閲覧など，個人情報が記載された書類を取り扱う場面もあります。そのような記録を閲覧させていただく場合には，記録を閲覧する場所，閲覧の方法などについて，実習指導者によく確認する必要があります。また，個別支援計画の作成などにあたり，閲覧した記録の内容についてメモを取らせていただきたい場合には，実習指導者に相談の上，指示を仰ぐとともに，情報収集する際は必要最低限の範囲内にとどめるようにしましょう。加えて，支援記録や実習記録を写真撮影したり，それをメールやSNSで送信することは個人情報の保護に反する行為であり，絶対に行ってはいけません。

3　実習全体のまとめ

　実習全体のまとめでは，実習がすべて終了した後に，実習全体をふり返り，実習での取り組みを通して，学んだことの総括を記入します。実習期間を通しての学びを実習指導者や実習指導教員に伝えるとともに，実習報告書の作成や事後学習に活用します。ま

た，実習生にとって，ソーシャルワーカーの職業観の形成にもつながる記録として，とても重要な意味をもっています。

　具体的には，実習全体をふり返り，どのような実習を行ったのか，実習全体を通して何を学んだのかを記入します。その際には，自らの実習計画書を読み返して，実習テーマがどの程度達成されたのか，実習テーマに取り組む中でどのような学びがあったのかを整理しましょう。

　また，現場実習は自分自身と向き合う場でもあります。現場実習を通して，さまざまな利用者や職員，地域住民と関わる中で，自分の価値観を見つめたり，見直したり，さらに広げるきっかけとなる機会が数多くあります。支援を行う立場から，自分という人間に向き合い，気づき，発見したこと，課題として見出したことなども是非述べて下さい。

　加えて，現場実習では，その前後で自らの福祉観にも少なからず変化があるでしょう。これまで考えていた利用者への支援の形が現場実習を通してどのように変わったのか，これまで抱いていたソーシャルワーカーに対するイメージがどのように変わったのか，現場実習を終えて，自らの社会福祉に対する考え方がどのように変化したのかを掘り下げることも大切です。

　さらに，実習全体のまとめでは，今後，現場実習での学びをどのように活かしていきたいかについても記入しましょう。これから養成校での学習をさらに進めていく上で，また，将来の進路に向けて，見出された課題などを述べて下さい。

　繰り返しになりますが，実習全体のまとめは現場実習の最終的な記録です。実習記録同様，記入方法に留意して，丁寧な記述に努めて下さい。

24　実習記録はまとめて提出してもよいですか

　実習記録を作成する意味の一つとして，その日一日の目標を基に実習内容をふり返り，自分が学んだことや気づいたこと，考えたことをまとめ，そこから疑問に感じたことやみえてきた課題を明日以降の実習につなげていくことが挙げられます。そう考えると，毎日，実習記録を仕上げて翌日提出することは大変ですが，その大切さが理解できるのではないでしょうか。とはいえ，毎日の提出が大変な場合には，実習指導者に早めに相談してみましょう。

ワークシート6‒2

① 社会福祉士，精神保健福祉士，医療ソーシャルワーカーなど専門職団体には専門職
　の職業倫理や取るべき行動の基準を定めた「倫理綱領」や「業務指針」があります。
　それぞれを読んで，記録について記載されている部分を書き出してみましょう。

ソーシャルワーカーの倫理綱領

精神保健福祉士の倫理綱領

医療ソーシャルワーカーの業務指針

② ①で書き出した内容について気づいたことを記入してみましょう。

4　演　習

ワークシート6−3（解答例は86頁）

①　実習記録の書き方について，以下の文章を読んで，不適切な箇所に下線を引いてみましょう。

　13：00より，陶芸クラブに参加した。私はT・Mさんと一緒に1階のホールへ行き，活動内容を見せていただいた。陶芸の作業は，利用者の方々にとって手の運動や脳への刺激になり，とても良いことだと思った。作業中，私がT・Mさんに「何色がお好きですか」とたずねると，特に好きな色はない感じだったので，いくつかの色を選ばせていただいた。T・Mさんはうれしそうに作業をされていた。ゆっくりでもできあがった時はすごいと思った。こうした作業は，T・Mさんにとってとても重要であることがわかった。

---

②　①の中で，下線を引いた理由を記述してみましょう。

ワークシート 6 - 4

　実習に行く前に実習記録の表面を記入する練習として，あなたのある 1 日の様子を「時間」「内容」欄に書いてみましょう。「内容」については，「主な取り組み」「具体的内容」ごとに整理して記入するようにしましょう。

時間	内　　容	
	主な取り組み	具体的内容（自分の動き・気づき等）

ワークシート 6-5

① 第6章2の（3）「実習場面を踏まえた考察の書き方」（73-74頁）と（4）「記入上の留意点」（77頁）を読み返した上で，ワークシート6-4で記入した，あなたの1日の取り組みから特に印象に残った一場面を選び，その場面について，「見聞きしたこと」「自分の言ったこと　行ったこと」を記入してみましょう。

----

② ①で取り上げた場面を通して，「考えたこと」「気づいたこと」を記入してみましょう。

----

③ ①で取り上げた場面を通して，「自分自身について（できたこと・できなかったこと)」を記入してみましょう。

----

④ ①で取り上げた場面を通して，「今後の課題」を記入してみましょう。

ワークシート 6 - 6

　実習記録で記述する内容は，自分で何かを行った場面を記入するだけでなく，実習指導者が行う支援場面を見学し，その場面について記述することもあります。ここでは，支援場面を見学し，その内容を基に実習記録を作成することを想定したワークを行うことで，支援場面の見学を基にした実習記録の書き方の練習を行います。このワークを始める上で，事例集等を活用して，ソーシャルワーカーが支援を行っている事例を準備して下さい。

① 　事例を読んで重要だと思われるソーシャルワーカーの行う支援の一場面を取り上げ，その内容について自身の言葉で要約をして下さい。

----

② 　①の場面を取り上げた理由について簡潔に書き出してみて下さい。

----

③ 　①の場面で取り上げた支援の意味について，自分の言葉で書き出して下さい。支援の意味について考える際，ソーシャルワーカーの立場だけでなく，利用者，家族，地域住民等の様々な立場から考えるようにしましょう。

> **25　考察がただの感想文になりそうで不安です**
>
> 　見聞したことから，感じたことや思ったことを書くのが感想文ですよね。では，何を見聞してそのように感じたのか，あるいは思ったのかを考えてみるようにして下さい。そして，その見聞した内容は，養成校で学んできている内容とつながりがあるかどうかを確認してみて下さい。つながりがあれば，養成校の学びも添えながらまとめると，見聞したことから何がいえるのか，何が考えられるのかといった考察が書きやすくなると思います。

注

(1) 副田あけみ・小嶋章吾編著『ソーシャルワーク記録——理論と技法』誠信書房，2006年，
　　30・45頁。

(2) 全国社会福祉施設経営者協議会編，國廣正・五味祐子『社会福祉法人のための個人情報保
　　護Q&A』全国社会福祉協議会，2005年，19頁。

ワークシート6-3（82頁）解答例

> 13：00より，陶芸クラブに参加した。私はT・Mさんと一緒に1階のホールへ行き，活動
> 内容を見せていただいた。①陶芸の作業は，利用者の方々にとって手の運動や脳への刺激に
> なり，とても良いことだと思った。作業中，私がT・Mさんに「何色がお好きですか」とた
> ずねると，②特に好きな色はない感じだったので，いくつかの色を選ばせていただいた。T・
> Mさんは③うれしそうに作業をされていた。ゆっくりでもできあがった時は④すごいと思っ
> た。こうした作業は，T・Mさんにとって⑤とても重要であることがわかった。

全　体　・「客観的事実」と「考察・自己評価」が混在しており，考察・自己評価が深ま
　　　　　　っていない。

　　　　・「客観的事実」（例：活動内容，T・Mさんの様子）を十分に観察できておらず，
　　　　　主観的な書き方が多い。

①　　・「作業」の内容が具体的に書かれておらず，どのような点で「手の運動や脳へ
　　　　の刺激」になっているのかがわからない。

　　　・何を根拠に「とても良いことだと思った」のかがわからない。

②　　・T・Mさんの言動が書かれていない。

　　　・「特に好きな色はない感じだった」というのは，自分の憶測である。

③　　・T・Mさんの様子，具体的にどのように作業をされていたのか，何を根拠に
　　　　「うれしそうに作業をされていた」と判断したのかが書かれていない。
　　　　「うれしそうに」は主観的な書き方である。

④　　・何を見聞きして「すごいと思った」のかを書く必要があり，「すごい」という
　　　　口語的な表現が含まれている。

⑤　　・どのような作業がT・Mさんにとって「とても重要である」のかが書かれて
　　　　おらず，考察としては不十分である。

第 7 章

支援記録の書き方を理解しよう

1 支援計画の書き方

1 アセスメント

　アセスメントは，クライエントのさまざまな情報を集めて分析する過程です。しかし，それらはアセスメントシートに書かれている項目にチェックリストのように印を入れて見出された課題を，そのまま支援計画の内容に結びつけるものではありません。個別支援であれば，クライエントが抱えている困難の客観的側面，環境（地域）とのつながり，現在の生活への影響，過去の出来事との関係，本人のストレングスなど多角的に分析をして，どのような支援の方法であれば解決（緩和）できるのかを考えます。また地域支援でも，地域住民から寄せられた問題にそのまま対応するのではなく，地域の歴史，特性，地域住民とのつながり，社会資源の有無などさまざまな視点から考えます。

　ここでは，ソーシャルワーカーが個別支援において用いるアセスメントシートを紹介しながら，実際のケースによるアセスメントに向けた情報収集と分析方法について学びます。ただし，ここで紹介するすべてのシートを実習で用いるとは限りません。実習分野や実習プログラムの内容に適したものを選んで用いて下さい。

　ソーシャルワーカーは，クライエントの置かれている状況や課題を把握するために，アセスメントシートを用います。分野ごとにそれぞれの特徴に合わせたアセスメントシートを実習先（施設・機関）で独自に作成していることもあります。そのため，実習先ではどのようなアセスメントシートを用いているのかを確認することも大切です。

　ここでは，代表的なアセスメントシートを紹介します。インターネットなどから入手できるため，確認しておきましょう。

① 　日本社会福祉士会「生活支援アセスメントシート」
② 　日本介護福祉士会「日本介護福祉士会各種様式」
③ 　全国社会福祉協議会「居宅サービス計画ガイドライン Ver. 2」
④ 　厚生労働省「子ども虐待対応の手引き」

- 26　アセスメントってどうやってすればよいですか

　アセスメントの方法は色々あります。個別面談や家庭訪問による利用者，家族からの聴き取り，食事や入浴，作業やレクリエーションなど普段の実習場面も大切なアセスメントの機会です。過去のケース記録を読み返すことも参考になるでしょう。実習の中で，さまざまな方法でアセスメントしてみましょう。個別面談や家庭訪問は事前の調整が必要になるので実習指導者に相談してみるとよいでしょう。

ワークシート 7‑1

① 88頁で紹介されている①〜④のアセスメントシートの内容を確認し，わからない専門用語を書き出して，意味を調べてみましょう。

わからない専門用語	意　　味

② あなたがクライエントに「最近の排泄状況」について質問すると仮定します。どのような質問をすればクライエントが恥ずかしくないように，聴くことができるのかを具体的に考えてみましょう。

③ 下記のアセスメント項目について，チェックリスト方式の質問ではなく，日常の会話の中で聴き取る質問方法について考えてみましょう。

	寝返り	□自立　□見守り　□つかまりで可　□一部介助 □全介助（介助者　　　　　　　　）　□不可
	起き上がり	□自立　□見守り　□つかまりで可　□一部介助 □全介助（介助者　　　　　　　　）　□不可
起居動作	立ち上がり	□自立　□見守り　□つかまり立ち　□支え立ち □一部介助　□全介助（介助者　　　　　　　）　□不可
	座位	□長座位　□端座位　□正座　□支えが必要
	歩行	□自立
		□声かけ，見守り　□一部介助　□全介助（介助者　　　　　　）
	歩行状況 屋外	□自立　□杖歩行　□介助歩行　□車いす　□電動いす □押車
	室内	□自立　□杖歩行　□介助歩行　□車いす　□押車 □尻移動　□這う　□転がる　□歩行不可

出所：日本介護福祉士会「日本介護福祉士会各種様式」（日本介護福祉士会 HP，2022年 1 月20日アクセス）。

2　ジェノグラム・エコマップ──環境との関わり

　ソーシャルワークでは，クライエントの抱えている問題や課題を理解するために，クライエントとクライエントを取り巻く環境との関係を把握します。そこで，視覚的に整理する方法としてジェノグラムとエコマップがあります（図7-1・2）。

　ジェノグラムとは，ファミリーマップともいわれる家系図のことです。親子関係や婚姻関係，死亡，同居・別居といった情報から，家族関係の状況や変化を見るものです。

　一方，エコマップとはエコロジー・マップの略であり生態地図ともいいます。1975年にハートマン（A. Hartman）によって開発されました。クライエントを取り巻く複雑な環境を図式化することで，全体性を捉えることや問題や課題の構造を理解することができます。

　実践においては，エコマップにジェノグラムの一部を書き込むこともあります。それによって，抱えている問題や課題を「人間関係」及び「社会関係」から整理して把握することもできます。

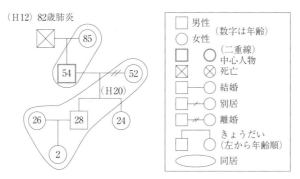

図7-1　ジェノグラムの描き方（例）

出所：中部学院大学通信教育部監修『社会福祉相談援助演習』みらい，2016年，50頁を一部改変。

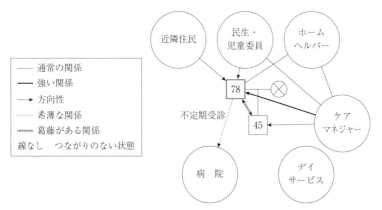

図7-2　エコマップの描き方（例）

出所：中部学院大学通信教育部監修『社会福祉相談援助演習』みらい，2016年，50頁を一部改変。

ワークシート 7 - 2

①　自分のジェノグラムを描いてみましょう。

作成の手順
①　自分を中心に家族を描く。
②　3 世代に遡って描く。自分→親世代→祖父母世代

②　自分の家族のエコマップを描いてみましょう。

作成の手順
①　自分の家族をジェノグラムの中央に記入する。　④　関係性を表す線を引き，流れを矢印で示す。
②　自分と家族を取り巻く人を周囲に記入する。　⑤　関係性を表す線・矢印に簡単な説明を記入する。
③　地域や社会資源を周囲に記入する。　⑥　その他，必要な情報を記入する。

3　リフレーミング

　リフレーミング（reframing）とは，現象・事象に対する見方や理解の仕方に関する既存の枠組み（フレーム）を変えることで，現象・事象に別の視点をもたせて，ものの見方・意味づけの仕方を変えることです。リフレーミングに関する有名な喩えとして，コップに水が半分入っている時，「半分しか入っていない」というフレームと「半分も入っている」というフレームでは物事の感じ方が異なるというものがあります。

　アセスメントでは，クライエントのマイナスの側面に注目しがちですが，他にもどのような意味があるのか，どのようにプラスの価値に置き換えられるのかを考えることで，それまでの枠組み（フレーム）では見えなかったものや見過ごされていたものを再発見することにつながります。表7-1を参考に，さまざまな状況や表現をリフレーミングしてみましょう。

表7-1　リフレーミングの例

リフレーミング前	リフレーミング後	リフレーミング前	リフレーミング後
だらしない	おおらか	臆病	用心深い
気が弱い	慎重	うるさい	元気がいい
怒りっぽい	正義感が強い	おせっかい	気が利く

出所：筆者作成。

4　ICF（国際生活機能分類）

　1960年代頃から生活モデルが提唱されるようになり，クライエントが抱えている問題の原因をその人の中に求めるのではなく，人間を取り巻く環境や問題との関係性に着目することが重視されるようになってきました。例えば，本人の心身機能の障害ではなく，それに伴う生活の困難さ，問題を作り出している社会構造や環境への働きかけが支援の基本的な視点となっています。

　ICFの前身であるICIDH（国際障害分類）によるマイナスの側面に着目することの批判から2001年にWHO（世界保健機関）は，ICFを採択しました（図7-3・表7-2）。人は社会・環境との関わりをもちながら生活していますが，その際に支障や制限・制約を感じる状態・状況が発生します。ICFは，その状態・状況を「機能障害」「活動制限」「参加制約」と定義し，障害はこうした状態に陥ったことであり，決して当事者（障害者）が原因で障害を抱えているのではないことを明記しています。

　また，障害というマイナスの側面ではなく，「できる活動」「している活動」などストレングスの視点も積極的に活用していることも特徴です。

ワークシート7-3

① 自分の短所（マイナスの側面）をリフレーミングしてみましょう。

リフレーミング前	リフレーミング後
例：頑固な性格である。	自分の考えを持っている。

② ICF（国際生活機能分類）の構成要素の内容と関係を理解してみましょう。

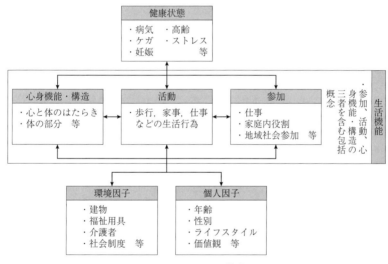

図7-3　ICFの構成

出所：日本医療研究開発機構HP（2021年10月27日アクセス），筆者一部改変。

表7-2　ICFの項目内容

構　成	内　容
健康状態	病気やケガ，肥満や妊娠，ストレス，加齢などの体調の変化など
心身機能・身体構造	「心身機能」：手足の動きや，視覚・聴覚，内臓，精神など 「身体構造」：指の関節，内臓，皮膚など
活　動	歩くことや日常生活に必要な動作をはじめ，家事や仕事，余暇活動など
参　加	家族としての役割や職場などの組織で役割を果たすこと，地域の会合や趣味の集まりに参加することなど
環境因子	その人を取り巻く人的・物的な環境すべて
個人因子	その人固有の特徴

出所：筆者作成。

5 課題の整理表

アセスメントによってクライエントのニーズを整理して，支援計画の作成につなげていきます。ソーシャルワーカーは，クライエントから表明（感じている）された意向や訴えをそのまま受け入れて応えていくのではありません。クライエントが生活を営んでいく中で必要不可欠なもの，核となっている問題とは何かについてソーシャルワーカーの評価によって，ニーズが見出されます。表7-3はニーズの種類について整理したものです。

②③は，クライエントが意識しているニーズであり，①④は本人が意識しているかどうかは問わず，ソーシャルワーカーが専門的な視点から必要であると判断されるニーズとなります。

このように，4つのニーズの種類から統合的に判断されたニーズがどのように生み出されているのかを整理して，支援の方法を考えます。解決の手がかりとして，クライエントを取り巻く環境の調整，ストレングス，使える社会資源，その他さまざまな角度から分析した内容を基に考えます。

表7-3 ニーズの種類

ニーズの種類	内容
①ノーマティブ・ニーズ（規範的ニーズ）	専門的な立場から見て「望ましい」基準を満たしていないと判断した場合のニーズ。
②フェルト・ニーズ（自覚化されたニーズ）	クライエント自身が自覚しているニーズ。また，自覚しているがその必要性をまだ表明していないニーズ。
③エクスプレスト・ニーズ（表明されたニーズ）	クライエントがニーズを自覚し，サービスや支援の必要性を支援者（福祉機関）に表明しているニーズ。
④コンパラティブ・ニーズ（比較ニーズ）	すでにサービスを受けている他の利用者と比較した時に支援が必要だと判断されるニーズ。

注：ブラッドショー（J. Bradshaw）のニーズの類型によるもの。
出所：藤原慶二「多職種連携におけるファシリテーション—— A市自立支援型ケアマネジメント会議での取り組みから」『関西福祉大学紀要』22，2019年を基に筆者作成。

6 支援計画の作成

これまでのアセスメントの結果を踏まえて，プランニング，つまり支援計画の作成となります。97頁の支援計画は，一般的に用いられている支援計画の書式の一例です。各施設・機関によって独自の支援計画を用いているため，支援計画の作成に向けて実習先の書式について確認することも必要です。

ワークシート 7 - 4　（①の解答例は114頁）

①　表 7 - 3 を踏まえ，次の事例から「クライエントの意向／抱えている問題・困難さ」を設定し，「ソーシャルワーカーの評価」と「解決への手がかり」を考えてみましょう。

> 　Aさん（72歳）は，現在，病院で入院生活を送っている。脳梗塞の後遺症のため歩行が不安定であるが，リハビリテーションの結果，杖での歩行が可能になっている。入浴は浴室内での移動時に転倒の恐れがあるため介助が必要で，トイレでの排泄時も一部介助を要する。病院からは，「そろそろ退院を」という話が出ているが，介護者である妻は退院後の在宅での介護を不安に思っている。退院に向けた病院での話し合いに地域包括支援センターの社会福祉士も同席した。

クライエントの意向 抱えている問題・困難さ	ソーシャルワーカーの評価（なぜそのニーズ・困難さが発生しているか）	解決への手がかり どうしたら解決できるか（方策）（促進因子）

②　現在，ベッドの横にポータブルトイレを設置している高齢者が，リハビリテーションを行い，一人で「自宅のトイレで自立排泄することができる」という長期目標を立てています。トイレの自立には，どのような短期目標があるかを考えてみましょう。

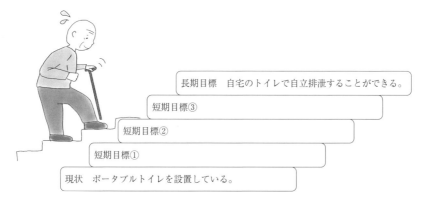

長期目標　自宅のトイレで自立排泄することができる。
短期目標③
短期目標②
短期目標①
現状　ポータブルトイレを設置している。

27　利用者からうまく情報を聞き出せずアセスメントに困っています
　一方的なインタビューにならないように気をつけましょう。利用者を困らせたり，不快な気持ちにさせたりすることがあります。シートは無理に埋めようとしなくても，わかる範囲で見たことや聞いたことを具体的に書きます。自分が知らないことは空けていても構いません。次は，シートに記入できなかった部分を意識して利用者と関わってみましょう。もし，利用者から聞きづらいことがあれば，実習指導者や他の職員に教えてもらうのもよいと思います。

図7-4 支援内容（目標・方法・期間）の設定

出所：筆者作成。

　支援計画では，「総合的な支援方針」としてソーシャルワーカーの評価に基づいた支援全体の方針を考えます。次に，将来的にどのような生活を目指すのかという「長期目標」，さらに長期目標を具体化するための「短期目標」を設定します。

　支援の全体像を念頭に置きながら，アセスメントによって見出された課題に対してそれぞれの支援について考えます。その時に，緊急性や影響度，解決・緩和に向けてのステップなどを考慮しながら優先順位をつけることもあります。

　支援計画の作成にあたってのポイントは，支援の「目標・方法・期間」をセットで考えることです（図7-4）。例えば，支援目標に対する期間を3カ月と定めたのであれば，その目標は3カ月で達成できる具体的なものでなくてはいけません。支援方法では，積極的にクライエントのストレングスに着目しながら，クライエントと支援者は具体的に何を行うのか，社会資源（フォーマル・インフォーマル）はどのような目的で用いるのか，他の協力者が必要な場合には，誰が何を担うのかなどについて方針を明確にします。

　支援計画はクライエントのために作成するものです。漠然とした「将来の目標」だけを抽象的に掲げた支援計画では意味がありません（表7-4・5）。そのため本人や家族も支援計画を見るため，専門用語はなるべく使わず，クライエントに「わかりやすく」「達成し得る」「具体的で」「現実的な」言葉で書くことにも心がけ，クライエントとの協働によって作成されることが望ましいです。

表7-4　より望ましい支援目標を考える上でのポイント

よく使われる目標	具体的に考えてみると…？
○○の自立を目指す	どんな自立ですか？
できることを少しずつ増やしていく	何を増やしていくのでしょう？
規則正しい生活を身につける 毎日を楽しく過ごす	どんな生活ですか？
安全に気をつけてケガをしないようにする	何に気をつける？
食事ができるようになる	飲み込むこと？　スプーンで食べる？　自分で料理する？

出所：筆者作成。

表 7 - 5　支援計画の書き方のポイント

実習先名称	実習生氏名
クライエント氏名	
本人（家族）の意向	本人の意向を理解した上で記入する。また、本人の意思が表現できない場合などは、ご家族からの意向として書くこともある。
総合的な支援の方針	支援方針について、アセスメントを踏まえて書く。
長期目標	1 ～ 3 年ぐらいを目途にした目標を立てる。　※支援内容によって 5 ～ 10 年になることもあります。
短期目標	半年などの月単位、または長期目標の中間を目途に目標を立てる。　※支援内容によって変わります。

No.	クライエントのニーズ	支援目標	具体的な支援の方法	期間	社会資源（フォーマル・インフォーマル）	備考
優先順位	ニーズ・抱えている問題・困難とその背景がわかる表現を用いる。 ●●だから、●●である。 例：左足が麻痺のための歩行が難しい。 例：ズボンが下ろせないから、トイレに支援を必要とする。	評価ができる具体的な表現にする。 できる限り、本人が主体になる表現を用いる 例：●●できるようになる。 支援者が主語となることもある。 例：●●の環境を整える。	期間で達成できる目標を立てる 「ストレングス」をどのように活用するのか 支援目標に対する具体的な支援方法をわかりやすく	3 カ月	フォーマル 福祉サービスの種別、事業所など インフォーマル 家族、近隣、友人、ボランティア、非営利団体（NPO） ※社会資源を活用することはあくまでも手段（活用する目的を考える）	その他必要なことがあれば記入

出所：筆者作成。

2 　地域支援活動シートの書き方

1 　地域の捉え方

　地域という言葉は，色々な所で見聞きしますが，その言葉からイメージするものは，皆さん同じでしょうか。例えば，「日本という国の中に近畿地方があり，そこに大阪府という地域があり，その一部の地区が大阪市という都市です」という文には，地方，地域，地区という言葉が盛り込まれています。日常において厳密に使い分けていますか。

　これらの言葉の共通点は地理的に区切られた場所であることです。例えば，市町村や都道府県ごとの境界線もその1つでしょう。ただし，この境界線によって区切られた地域も規模の大小によって重層的に構成されています。図7-5のように，自治会や町内会という近隣から，小学校・中学校区へと範囲が大きくなり，市町村から県域といった広域なものもあります。そして，私たちは日常的にこれらの圏域を出入りしており，圏域は分断されたものではないことがわかります。つまり，地域をどの規模で定めるのかということによって，その地域という言葉に含まれる内容が違ってきます。そのため，地域という言葉で表現する際には，どの範囲のことを指しているのかということを明示することが重要です。

　社会は私たち人間の集合体として構成されており，地域社会とは，同じ地域に居住したり，生活したり，活動したりして，同じ場所を共有しながら築いていくものです。そして，共通の目的や関心によって集団がその中で形成され，共通の所属意識をもった共同体へ発展していきます。例えば，県民性という言葉は，都道府県という区域内にある独特の価値観や文化・慣習などを含めて表現しています。ただし，その県の中においても地区によっては別々の慣習があったりするため，地域は同質性のみで判断されるわけでもありません。このような共同体社会を「コミュニティ」と呼びます。現在「コミュニティ」と呼ばれるものは，地理的な空間によるものだけでなく，オンライン上のデジタル環境においても形成されています。そのため「地域コミュニティ」という言葉を意図的に使用することもあります。

　地域福祉における地域の特性として，次の3点が挙げられます。[1]

　　①　問題発生と解決の場（生活課題の早期発見・早期対応）
　　②　制度や仕組みを超える新しい課題に対応する場（制度外の課題への対応）
　　③　住民が暮らしとその基盤を作る場（主体としての住民による自治）

　ソーシャルワーカーにとって地域は，働きかける対象です。そのためには，地域の捉

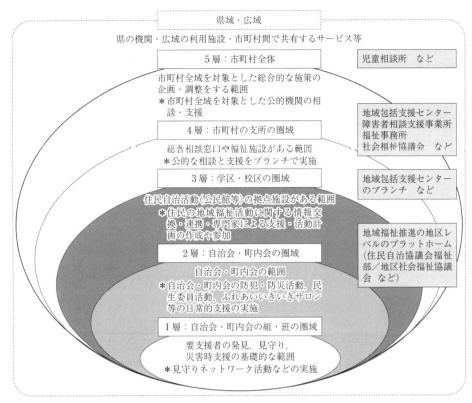

図 7 - 5　重層的な圏域設定のイメージ

注：ある自治体を参考に作成したものであり，地域により多様な設定がありうる。
出所：厚生労働省「これからの地域福祉のあり方に関する研究会報告書」2008年。

え方を踏まえて，情報収集，内容整理・分析というアセスメントを行っていきながら，生活の場である地域の現状を把握していきます。

2　地域の情報収集・整理と分析

　まず，地域の概況を知るために基本的な情報を収集することから始めます。ただ，漠然と地域の情報を得ようと闇雲に集めていては情報が膨大となり，整理がつかなくなります。ここでは，看護分野で多用されるコミュニティ・アズ・パートナー（CAP）モデルの項目とそのデータ例を紹介しておきます（表 7 - 6）。このモデルでは，地域の情報[2]を簡便に整理できるようになっており，初学者の実習生でも取り組みやすいといえます。ここで重要な点は，単に項目ごとに調べて記載するだけではなく，なぜその項目が位置づけられているのかをデータ例を見ながら，理解することです。また，社会福祉協議会職員が使用することを念頭に置いた，より詳細に項目が分けられた「地区カルテ」という様式もありますので，それも参考にするとよいでしょう。[3]

　では，実際にこれらの項目について調べようとする時に，情報が得られる情報源を事

表7-6 CAPモデルの項目とデータ例

地域で暮らす人びと	・住民特性：総人口および世帯数，世帯人員数，年齢別人口，老年人口，性別，一人暮らし高齢者数，転出入の状況など ・まちの成り立ち，歴史・文化，風土，祭り，人間関係の特徴 ・住民性，信念や価値観，宗教など
①物理的環境	・気候，地形，自然環境，建物・住宅，街並みなど
②教　　育	・教育施設（学校など）と高齢者のかかわり ・スポーツ施設，生涯学習施設，美術館や文化施設など ・それぞれの利用状況，アクセス，地域とのかかわりなど
③安全と交通	・警察・消防の状況，消防団や防犯組織，犯罪頻度，災害の備えなど ・交通機関，アクセス，道路状況，上水道普及率，公害など
④政治と行政	・政治への参加度，自治会と行政の関係や活動状況，市民団体の状況など ・市町村の高齢者関連の基本構想，介護保険関連の行政計画・目標など
⑤保健医療と 　社会サービス	・医療機関の情報，クリニック，診療科目，それらの立地や利用しやすさなど ・社会資源，福祉施設，介護サービス，インフォーマルサービス ・保健医療福祉関係機関やネットワークの状況，保健福祉サービスの普及など
⑥コミュニケーション	・地域の広報誌，ポスター，ミニコミ誌など高齢者の情報入手の手段 ・掲示板，集いや情報交換の場所や方法，回覧板など
⑦経済・産業	・高齢者の仕事・雇用，経済・所得水準，生活保護率など ・エリアの経済状況と主要産業，商店街の状況など
⑧レクリエーション	・高齢者が楽しめる施設・場所，娯楽施設，公園，憩いの場所など

出所：都筑千景編著『地域特性がみえてくる地域診断』医歯薬出版，2020年，14頁。

前に想定しておかなければなりません。例えば，人口や世帯数などの統計情報による量的なデータについては，行政が公表しているものや調査によるデータから収集するとよいでしょう。調査データについては，政府統計の総合窓口である e-Stat（https://www.e-stat.go.jp）で公開されているものが利用できます。また都道府県，市町村の地域ごとのデータについては，それぞれのホームページで公開されています。さらに，地域の社会資源の情報については，行政のホームページ，報告書や広報紙などからも情報が得られるでしょう。

　関西福祉科学大学社会福祉実習教育研究会では，ソーシャルワーク実習における地域支援活動によるアセスメントから活動計画の立案までの一連の流れが記載できる「地域支援活動シート」（103・105頁参照）を作成しました[4]。この後もそのシートの項目に沿って説明します。また CAP モデルの項目に沿った地域の情報については，後述の Step1 を記入する時に活用します（表7-6）。

ワークシート 7-5

　Step1 に取り組むために，まずは，CAP モデル（表 7-6）の項目に沿って，あなたが住んでいる地域の情報を調べてみましょう。

地域で暮らす人々	
①物理的環境	
②教　　育	
③安全と交通	
④政治と行政	
⑤保健医療と 　社会サービス	
⑥コミュニケーション	
⑦経済・産業	
⑧レクリエーション	

続いて，得られた情報を整理して，地域に備わっている強み（Step2）と地域が抱えている課題（Step3）を分析していきます。なお強みと課題を検討する際は，本章1で紹介したストレングス視点を基に行います。また，地域の強みや課題を整理，分析する前には，実際に地域の中を歩きながら観察するフィールドワークを行うことも効果的です。やはり目で見て，耳で聞いて，肌で感じる地域の雰囲気や様子を知ることは他に代えがたい取り組みです。地域住民や関係者に聴き取りを行うこともその方法の1つです。それによって，地域住民等の関係性の実状や地域活動の取り組みの現状なども知ることができます。その他にも，個別支援の事例や地域活動を通して明らかとなった課題も活かしていきます。ソーシャルワーカーとして従事すると，日々の実践から見えてくる課題に直面することも多くあります。それらを活用することで，支援活動が抱える課題の明確化につなげていきます。

3　当事者から地域の将来像に関する意向の聴き取り（Step4）

地域の現状を把握するための作業を進めていく中で，地域の課題ばかりに意識が向いてしまい，「この現状では，課題を解決できないのではないか」と悲観的に捉えてしまう実習生も見られます。現実を正確に把握することは重要ですが，地域支援活動を地域住民と一緒に行っていく上では，それだけでは不十分です。地域で実際に活動している人たちと一緒に，「これからの地域をどのようにしていきたいのか」を話し合い，地域の将来像のイメージを共有していく取り組みが大切になります。それによって未来志向の発言や建設的な議論へと進展していきます。そして，最も重要なことは，この取り組みは，地域につながっている人々の思いを形にしていくことでもあり，地域住民自らが地域に関与していることを自覚する機会にもなります。まさしく，「参加支援」という取り組みといえます。なお意向については，地域住民だけでなく，支援を必要としている当事者や地域での活動に協力している専門職などにも対象を広げていくことで，さまざまな立場から地域課題の確認や地域の将来像のイメージを描くことができます。

28　長期目標や短期目標の設定ってどうすればよいですか

長期目標は，数カ月後，数年後に利用者が最終的にどのような生活を送りたいかという利用者の意向をできる限り汲み取り，利用者にとって最善となる目標を立てることが大切です。短期目標は，長期目標に到達するために，目の前のこと，明日からでもすぐに取り組むことができることを目的にすると目標を立てやすいと思います。短期目標の積み重ねが長期目標の達成につながっていきます。

ワークシート7-6

① 「地域支援活動シート」を用いて，ワークシート7-5の内容を基にStep1を記載
し，その内容から，地域の強み（Step2）と課題（Step3）を挙げてみましょう。

② 「地域支援活動シート」のStep4の項目を用いて，地域の将来像についての意向を周
りの人たちから実施できる範囲で聴き取ってみましょう。

地域支援活動シート（Step1~4）

Step1　地域に関する情報から，この地域の特性を整理する
○地域の基本情報から   ○地域の社会資源の情報から 　・物的な資源（例：社会福祉施設や医療機関など）について 　・地域での福祉活動の取り組みについて 　　（地域の活動拠点の有無） 　　（実際の活動の現状） 　・地域内での付き合いなどの関係性について

Step2　地域の特性から，地域の強みを整理する
○地域の基本情報から ○地域の社会資源の情報から

Step3　地域に関する情報から，地域課題を整理する
（個別支援活動を通して明らかとなった課題）   （地域での取り組みの現状から明らかとなった課題）

Step4　今後，地域の将来像についての意向を整理する
（当事者の立場から） （地域住民の立場から） （専門職の立場から）

4　地域課題に対する具体的な活動計画の立案

　ここまで作業を進めると，地域のニーズと思われる事柄が想定できるようになってきます。その際，地域として解決が必要と判断される課題とその理由を挙げていきます。そして，課題に優先順位をつけて，取り組む課題を定めていきます（Step5）。さらに選んだ課題を解決するために，事前にどのような準備が必要であるのかを整理しておきます（Step6）。Step5・6では，Step1〜4までの作業で得た地域の社会資源の情報や後述のStep8で記されている項目も活用していきます。

　続いて，課題に取り組む際の目標を設定します（Step7）。この時ですが，5W1Hを意識して，具体的な内容にすることが重要です。

　また，先の聴き取りなどから把握した意向の内容を関連づけて，長期的な目標を設定します。なぜなら，地域支援活動は個別支援活動に比べると結果や成果がすぐに現れにくく，長期間かけて取り組む場合があるからです。そのため，長期目標に地域の将来像がイメージできる内容を盛り込んでおくことで，関係者間の意識の統一が図れます。

　最後に，具体的な取り組みの内容を記した活動計画を立案します（Step8）。立案する前の留意点ですが，優先的に取り組む事柄を挙げ，その課題が克服できるような道筋を長期・中期・短期と時期を区切って設定することです。そのことによって，それぞれの期間に沿った計画を立案することが可能になります。計画立案は大規模なことを掲げるのが目的ではなく，短期で達成できる計画をつないでいき，最終的に大きな目標が達成できるように働きかけていくものでもあります。活動計画では，どの期間を想定した内容であるのかを十分に意識して立案することが肝要です。そして，立案された活動計画は，取り組みに関係する人々と内容を合議していき，必要があれば修正もしていきながら，完成させていきます。

　また実習では難しいかもしれませんが，実際には，立案した活動計画を取り組み，その結果をふり返っていきます。その際には，タスクゴール（課題達成），プロセスゴール（過程における成果），リレーションシップゴール（活動に関わった活動者や住民間の関係性の変化）を活動の評価として取り入れます。

─ 29　実際の支援記録を書く時は「障害」「障がい」のどちらを使用したらよいですか ─

　「害」の字は「さまたげとなるもの，わざわい」という意味があるため，権利擁護の視点から「障がい者」と記することが広がってきました。一方のICF（国際生活機能分類）の考え方では生活の困難さから「障害」と漢字で書くという議論もあります。日本の法律では「障害」と記されています。いずれにしても，さまざまな議論があり正解・不正解はありません。実習先が用いている表記を参考に記載するようにしましょう。

ワークシート 7-7

① 「地域支援活動シート」の Step5 の内容を基に Step6 の項目にしたがって，事前に準備が必要なことを挙げてみましょう。

② 「地域支援活動シート」の Step7・8 の項目を用いて，実際に活動計画を立案してみましょう。

地域支援活動シート（Step5〜8）

Step5　対象とする地域課題を選ぶ（Step3 より選択）
課題名
（選んだ理由）

Step6　Step5 で設定した課題を解決するために，取り組みを始める前に，準備が必要なことを挙げていく（Step8 の項目を参考にしてもよい）
（課題解決に必要なこと）
（課題解決に必要なこと）
（課題解決に必要なこと）

Step7　地域課題への具体的な目標を設定する（Step5 と対応） 　　　　＊ Step2・4 の内容も反映させること
（目標）

Step8　地域課題への具体的な活動計画を立案する	
目標：	
活動名：	
活動者：	活動期間：
具体的内容（対象者も含めて）	
活動場所	
活動に必要な準備物	
地域への周知方法	
予算	
見込まれる成果	
取り組むにあたっての留意事項	
備考・特記事項	

3 演 習

　ここまで，個別支援と地域支援におけるアセスメントや支援計画の作成について学んできました。それでは，アセスメントで用いられるツールの理解を深めるために，事例を基に考えてみましょう。それぞれの「事例」の内容を読みながら，ワークシート7－8，7－9の課題に取り組んで下さい。

1 A市の基本情報

　人口が約7万人（高齢化率25%）で大都市部の郊外にある市である。市内の駅前には高層マンションが建ち，店舗も密集している。郊外には一戸建ての住宅地が多く，近くにはショッピングモールもある。また子育て層の家庭も多く暮らしており，地域での子育て支援活動が盛んに行われている。その一方で，古くからある集落では高齢化率が30%を超えており，外出時の移動が不便という声も上がっている。街の景観としては市東部に山がそびえ，その山のふもとに沿って畑が広がり，特産物はブドウと柿という農業が盛んな地域である。市西部には，幹線道路沿いに工場が立ち並んでおり，工業地帯を形成している。またB地区では，古くからみこし祭りが有名で毎年観光客が大勢訪れる。この地区では祭りを支える住民の結束も強く，日頃から自治会活動も熱心に行われている。なお市役所は市中央部に位置し，駅との間にはバスが通っている。病院や保育所などの医療・福祉施設などは駅前や市役所付近にあるが，市郊外には少ない。その他，市の情報は毎月発行されている広報紙や，地区ごとでは回覧板で発信されている。

2 事例と課題

─ 事例① ─

　民生委員の吉田さんは近所に住む鈴木さん（75歳・女性）のことで，地域包括支援センターに相談にやって来た。そこで，社会福祉士の木村さんが対応することになった。

　鈴木さんは，半年前に足にケガをしたことがきっかけで運動の機会が減り，最近では身の回りのことがおっくうとなっていることから，ほとんど家から出ない状態であるという。以前は，身の回りのことは自分でしていて近所でも明るい元気な高齢者であった。鈴木さんは，5年前に夫を亡くし，長男と次男は，それぞれ近隣の県で独立して生活している。以前，「息子たちに迷惑をかけたくない」と言っていたこともあり，子どもたちの世話になることには抵抗感を感じているようである。近所の住民も鈴木さんのことを心配しており，時々様子を見に伺っているが，家の中では横になって過ごしていることが多い。

ワークシート 7 - 8

①　事例①で登場した人物の関係性をエコマップで描いてみましょう。

②　A市の特徴や事例①の内容についてリフレーミングを行い，違った視点から情報を捉え直してみましょう。

リフレーミング前	リフレーミング後

ワークシート7-9

--- 事例② ---

社会福祉士の木村さんは，鈴木さんのご自宅に訪問をした。鈴木さんのADLは何とか保たれていたが，次第に体力が落ちていることから，このままの状況が進めば生活状況が悪化していくことが予想された。はじめのうちは，福祉サービスを利用することに消極的であったが，訪問を重ねるうちに少しずつ考えが変わっていき，長男も同席してこれからの生活について話し合うことになった。

鈴木さんは，できる限り住み慣れた家で過ごすことを希望しており，2人の息子たちも協力をしてくれることになった。自宅は築40年が過ぎており，段差が多く，トイレやお風呂などの住宅の一部改修が必要であった。今後，鈴木さんが在宅での生活が続けられるように，社会福祉士の木村さんは支援の体制を整え，支援計画を作成することになった。

① 事例②の情報を基に，ICF分析シートを作成してみましょう。

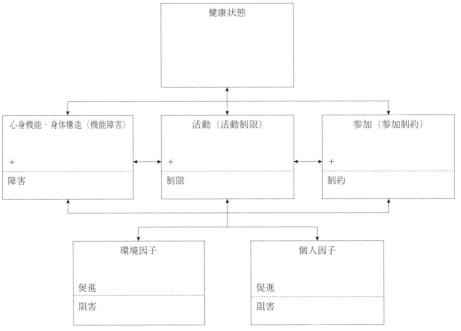

出所：障害者福祉研究会『ICF 国際生活機能分類──国際障害分類改定版』中央法規出版，2002年を基に筆者作成。

② 事例①・②を基に、課題の整理表を記入してみましょう。

クライエントの意向 抱えている問題・困難さ	ソーシャルワーカーの評価	解決への手がかり

③ これまでのアセスメントを基に、支援計画の作成をしてみましょう。

総合的な支援の方針							
長期目標							
短期目標							
No.	クライエントのニーズ	支援目標	具体的な支援の方法	期　間	社会資源 （フォーマル・インフォーマル）	備考

――― 事例③ ―――

　その後，鈴木さんは，公的な介護保険サービスなどを利用しながら，自宅での一人暮らしの生活を続けていくことになった。また民生委員の吉田さんたちは，鈴木さんが毎日元気に過ごせるように，ちょっとした変化も把握できるように近隣の地域住民と一緒に 1 日に 1 回は声かけのための自宅訪問を始めた。一人暮らしであるため，吉田さんは以前から民生委員としての見守り活動は行っていた。しかし，民生委員だけで見守り活動を続けていくにも限界を感じていたため，今回のことで，近くに住んでいる地域住民にも活動に参加してもらえるように呼びかけた経緯がある。社会福祉士の木村さんは，このような地域での取り組みの話を聞く中で，他の一人暮らしの高齢者にも必要なことではないかと考え，地域で高齢者が暮らしやすくなるような地域づくりについて考えていくようになった。

---

④　木村さんは，まず A 市の特性を整理することにしました。

【A 市の基本情報】を基に，必要な情報を書き出してみましょう。(Step1)

○地域の基本情報から

○地域の社会資源の情報から
　・物的な資源（例：社会福祉施設や医療機関など）について

　・地域での福祉活動の取り組みについて
　　（地域の活動拠点の有無）

　　（実際の活動の現状）

　・地域内での付き合いなどの関係性について

---

⑤　課題④から A 市の地域の強みを挙げてみましょう。(Step2)

○基本情報からわかる地域の強み

○地域の社会資源の情報からわかる強み

---

⑥　課題④・⑤と事例①〜③の内容を基に，地域課題を挙げてみましょう。（Step3）

（個別支援活動を通して明らかとなった課題）

（地域での取り組みの現状から明らかとなった課題）

─── 事例④ ───

　　木村さんは準備を進める中で，Ａ市での一人暮らし高齢者を支えていくことを目的に，対象者を当事者・地域住民・専門職からそれぞれ選び，聴き取りを行うことになりました。

⑦　これまでの事例①〜④に登場する人物を参考にして，聴き取りの対象者として誰を選びますか。その理由などについても検討してみましょう（Step4）。なお，対象者には事例に登場していない人物を選んでもよいです（＊下記の内容を仕上げる際に，当事者には高齢者から，地域住民には高齢者以外から選んで下さい）。

対象者	選んだ理由について
当事者の立場から	
地域住民の立場から	
専門職の立場から	

⑧　取り組む地域の課題を挙げてみましょう。また選んだ理由も挙げてみましょう。（Step5）

課題名

（選んだ理由）

---

⑨ 課題⑧で設定したことを解決するために，取り組みを始める前に，準備として必要なことを挙げてみましょう（課題⑩の項目を参考にしてもよい）。（Step6）

課題解決に必要なこと
①
②
③
④

⑩ 地域課題への目標を設定し，それを達成するための活動計画を立案してみましょう。（Step7・8）

目標：	
活動名：	
活動者：	活動期間：
具体的内容（対象者も含めて）	
活動場所	
活動に必要な準備物	
地域への周知方法	
予算	
見込まれる成果	
取り組むにあたっての留意事項	
備考・特記事項	

注

(1) 藤井博志編著『地域福祉のはじめかた——事例による演習で学ぶ地域づくり』ミネルヴァ書房, 2019年, 5頁。

(2) コミュニティ・アズ・パートナー（CAP）モデルの詳細については, 次の文献を参照。

アンダーソン, エリザベス T.・マクファーレイン, ジュディス編／金川勝子・早川和生監訳『コミュニティ アズ パートナー——地域看護学の理論と実際 第2版』医学書院, 2007年。

(3) 「地区カルテ」の様式の見本や記入例については, 次の文献を参照。

藤井博志『社協ワーカーのためのコミュニティワークスキルアップ講座』全国社会福祉協議会, 2009年。

(4) 「地域支援活動シート」を作成するにあたり, 以下に挙げた文献を参考にしたことを付記しておく。

参考文献

・第2節

アンダーソン, エリザベス T.・マクファーレイン, ジュディス編／金川勝子・早川和生監訳『コミュニティ アズ パートナー——地域看護学の理論と実際 第2版』医学書院, 2007年。

川上富雄編著『地域アセスメント——地域ニーズ把握の技法と実際』学文社, 2017年。

都筑千景編著『地域特性がみえてくる地域診断』医歯薬出版, 2020年。

藤井博志『社協ワーカーのためのコミュニティワークスキルアップ講座』全国社会福祉協議会, 2009年。

藤井博志編著『地域福祉のはじめかた——事例による演習で学ぶ地域づくり』ミネルヴァ書房, 2019年。

ワークシート 7 - 4 （95頁）解答例

クライエントの意向 抱えている問題・困難さ	ソーシャルワーカーの評価 （なぜそのニーズ・困難さが発生しているか）	解決への手がかり どうしたら解決できるか（方策）（促進因子）
体が動かしにくいので, 家の中で移動できるか心配である。	本人の身体状態に応じた自宅での生活動線などを整えていく必要がある。	介護保険制度の住宅改修を活用することで物理的な環境が整えられる可能性がある。また本人はリハビリテーションに積極的であり, 現在の状態を維持する意欲も見られる。
退院後の生活で妻の負担を減らしたい。	介護サービスなどの情報も十分でないため, 対処の仕方がわからず, 不安感が募っている。	介護サービスが利用できるように, 病院の医療ソーシャルワーカーと連携して手順を進めることについて2人に説明する。
足が不自由なため歩きづらく, 外出することに不安がある	杖歩行にまだ慣れておらず, 歩行することに自信がなくなってしまっていると思われる。	入院中のリハビリテーションも積極的に取り組んでいたため, 退院後の取り組みについて医師やリハビリ職から意見を求める

第 **8** 章

実習時に求められる学びと
姿勢を理解しよう

1　実習生と学生の違い

　実習生と学生，どのような違いがあるのでしょうか。一言で実習生と学生の違いと尋ねられてもピンとこないと思います。具体的に例を出しながら，考えてみることにしましょう。

　皆さんは，普段学校ではどのように過ごしていますか。授業は朝早くからある日もあれば，終日授業がない日もあります。授業形態も講義形式であれば，先生の話をどちらかというと一方的に聴くことが多いです。反対に，ゼミなどの演習形式では，自分の意見を述べたり他人の意見を聴いたりする機会が多くなります。学校での授業以外でも，課外活動やアルバイトなどがあります。ここで述べられている生活リズムは，おそらく自分の中でもイメージしやすく，ある程度パターン化されていることが多いといえます。

　では，実習生ではどうでしょうか。実習先での現場経験がない人にとっては，まったく想像がつかないものです。自分が実習先で実習しているイメージが湧かないのです。そのような意味において，学校で授業を受けている学生とは大きく異なるといえるでしょう。それではもう少し具体的に，どこが異なっているのかをみていきましょう。

1　時間に対する考え方

　前述しましたが，学校での授業は，曜日によって授業の回数，開始時間も異なります。朝寝坊して，授業に遅れて教室に入ってくる日があったとしても，教員からも一緒に受けている学生からもひどくおとがめを受けることは少ないでしょう（もちろん時間に厳しい授業もあります）。一方，実習先では，毎日決まった時間に来ることが求められます。その時間に1分，1秒でも遅れると遅刻です。遅刻行為は，皆さんのやる気や意欲の有無，態度の良し悪しが大きく影響していると考えられる行為です。つまり，遅刻しただけで，やる気がない，意欲的ではない，時間が守れない，挙句の果てには，態度が悪いと言われかねません。それだけ時間に対する考え方が大きく違っています。

2　人付き合いと言葉遣い

　学校では，気の合う人たちと集まって行動することができます。多少苦手な相手とは最小限の付き合いですみます。また，1人になりたいと思う時は，気軽に1人で過ごせる場所が学校にはあります。似たような世代の人たちが集まっているので，関心のある話題や趣味も共通点が多かったりします。言葉遣いも普段通りの言葉いで問題はありません。

ところが実習先では，気の合う人だけでなく意見や価値観の違う人たちとも関わっていかないといけません。同じ年代ばかりではなく，幅広い年齢層とコミュニケーションを図る必要があります。普段の言葉遣いでは通用せず，敬語や丁寧語を使う必要があります。

3　不測の事態に備える

　学校で，毎日，不測の事態に対処することはあまりありません。なぜならば，皆さんの学校での生活はある程度パターン化されているからです。例えば時間割は，あらかじめ自分で決めたスケジュールでもあるため，今日は授業がたくさんあって大変な1日なのか，楽な1日なのかを想像することができます。授業時間をいきなり3時間にするとか，授業の曜日を変えるとか，毎日突発的な出来事が起きることは少ないと思われます。しかしながら，実習先では，予測もつかないことが起きる場合があります。なぜなら実習先には，実習指導者以外にクライエントも存在するからです。突発的な出来事が起きてそれに対処せねばならず，予定していたことができなかったり，急きょ対応にまわらないといけなかったりすることがあります。そんな時，それは予定していなかったことだ，とか，それは聞いていなかったことだ，とか言っていられないのです。不測の事態に備えるためにも，普段から柔軟性を養っておくことが大切です。

ワークシート 8-1

　学校生活の中での学生と実習先での実習生との違いを見極めるために，日頃の学生生活をどんなふうに過ごしているのか，ワークシートに書き出してみましょう。次に，その態度や姿勢が，実習先では変化する必要があるのか，必要だとすれば，どのように変えないといけないのかを記入してみましょう。

普段の学校生活	実習先での望ましい態度・姿勢 （変化する必要がなければ，「必要なし」と記入）

このワークを通じて気づいたこと・感じたこと

2　実習におけるコミュニケーション

　ソーシャルワーク実習においてコミュニケーションはあらゆる場面で不可欠な要素です。ここでは，1．コミュニケーションとは何か　2．実習先の職員・実習指導教員とのコミュニケーション　3．利用者・家族とのコミュニケーションの3点から実習生が目指すべきコミュニケーションとは何かを考えてみましょう。

1　コミュニケーションとは何か

　「コミュニケーションとは何でしょうか」という質問にすぐに浮かぶ答えは，「情報のキャッチボール」や，「意見の交換」ではないでしょうか。ところが，コミュニケーションにはまた別の重大な側面があります。それは，「感情のキャッチボール」や「心と心のふれあい」であり，それらを通しての「受容」「共感」さらに「人としての成長」というものです。

　星野は，真の意味でのコミュニケーションは「わかちあう」ことと述べています[(1)]。「わかちあう」とは「相手と同じものをもつ」ことを指します。コミュニケーションの語源であるラテン語の「communis」が，そもそも「同じものをもつ」という意味であることからも，理解できます。

　コミュニケーションには，「一方向のコミュニケーション」と「双方向のコミュニケーション」，あるいは，「言語的コミュニケーション」と「非言語的コミュニケーション」などがあります。実習の場面で実習生は，できる限り，「言語・非言語的コミュニケーション」の双方を意図的に使い，一方向にならない「双方向のコミュニケーション」を利用者・家族，実習先の職員・実習指導教員と図る必要があります。その結果，「情報」と「感情」の正確な共有を目指すことが可能になります。

2　実習先の職員・実習指導教員とのコミュニケーション

　実習において，最も基礎となるつながりは「実習生―利用者（・家族)」であるといえます。しかし，この関係を取り巻く，実習先の職員や実習指導者，そして養成校側の実

習指導教員との関係も，見過ごすことはできません。むしろ，実習は「実習生——利用者・家族——実習先の職員——実習指導教員」の四（五）者による協働作業といえます。特に現場実習では，指導の多くを実習先の職員に委ねることになります。もし，実習生と実習先の職員のコミュニケーションに不具合が起きると実習そのものが揺らいでしまう可能性があります。

　例えば，実習生が与えた第一印象により，ある実習先の職員から誤解を招いてしまった場合，第一印象が実習すべてを左右するとはいえないものの，限られた期間の中で，それを取り戻すにはかなりのエネルギーを要してしまいます。スムーズに開始した場合に比べると，実習内容そのものに注げるエネルギーをより実習先の職員との関係に使わざるを得なくなります。

　そのためにも，「はっきりとした挨拶」はあらゆる場面で求められます。さらに，「ほう・れん・そう（報告・連絡・相談）」は非常に重要です。この「ほう・れん・そう」は，職員と同様に実習指導教員へも不可欠なコミュニケーションになります。わからないことはできるだけ速やかに質問し，わからないままに利用者・家族に直接関わることは避けなければなりません。知らないのに「知っているふり」や，指示の内容が十分には理解できていないのに「実習先の職員の業務の妨げになる」などと思い込み，質問・相談を後回しにすると，事故を含めて失敗やトラブルの要因となります。実習先の職員や実習指導教員からの指示があり，それが「知っている」内容であったとしても，指示を「理解できている」としても，指示内容を言語化・復唱し，「確認する」ことが必要です。この双方向のコミュニケーションがより正確に相手の意図を受け取るために不可欠なのです。万が一，その場で職員に質問ができない場合には，実習記録を使用することも一つの方法です。

3　利用者・家族とのコミュニケーション

　実習中，利用者及び家族とのコミュニケーションはソーシャルワーカーを目指す者にとって最も重要な課題だといえます。ソーシャルワークのプロセス（「ケース発見」「受理面接」「アセスメント」「プランニング」「モニタリング」「終結」）のどの段階においても，利用者あるいは家族とのコミュニケーションなしには成立しません。初期の段階ではいかに利用者や家族とのラポールを形成するかが問われます。初期から中期にかけては，いかに正しい情報をより多く入手できるかに「アセスメント」における「ニーズ理解」や「目標設定」「プランニング」の成否が懸かっています。

　実際の場面において，利用者とのコミュニケーションでは，まずソーシャルワークの面接場面を思い起こすかもしれません。しかし，利用者とのコミュニケーションはそういった面接室での相談だけではなく，あらゆる場面で行われます。利用者の生活支援を行いながら，例えば食堂で食事を待つ利用者に寄り添ってコミュニケーションを図る場

合があります。あるいは，利用者宅での面接に実習先の職員と同行する場面もあります。日中のレクリエーションや体操などの補助をすることも考えられます。こういったさまざまな場面でのコミュニケーションを実習生は「いかに楽しい会話をつなぐか」などの目標をもって行いがちです。しかし，単に「楽しい時間の共有」ではなく，その利用者の主訴＝ニーズに近づくための貴重な情報収集の場面であることを忘れてはいけません。

そのためには，利用者の身体状況や精神・心理状況（疾病や障害）などの基本的な情報をコミュニケーションの前に知っておく必要があります。実習生は，事前にコミュニケーションに関わる障害や疾病（視覚，聴覚，認知機能のレベルなど）を知っておくと，少しでもスムーズにコミュニケーションが行えるでしょう。その際には聴くことに重点を置き，言語・非言語のさまざまなコミュニケーションを図ることに配慮・工夫する必要があります。

また実習中，利用者だけでなく家族とのコミュニケーションが求められる場面があるかもしれません。その家族が利用者の介護者である場合は家族介護者としての理解が必要となります。多くの場合，家族介護は長期に及び，介護者は社会から孤立しがちな状況下で悩みやストレスを抱え込みやすい環境にあるということ，その家族が主介護者である場合には否定的な感情をため込んでいる可能性があるということなどの理解が求められます。それらを踏まえた上でさらに気をつけなければならない点が，家族を画一的に捉えないということです。画一的に捉えることや，決めつけを避けるためにも介護者の支援には，家族の話を「傾聴する」ことが重要になります。

「家族の話を傾聴する」ことを通して，「受容」「共感」を目指します。ここで行われるコミュニケーションは「支援としてのコミュニケーション」であり，何かのため（アセスメントや情報収集のための）のコミュニケーションではなく，目的としてのコミュニケーションなのです。大きな心身の負担や不安等を抱える家族介護者は，「受容」や「共感」されることにより，エンパワメントされます。

この「支援（目的）としてのコミュニケーション」は，利用者に対しても重要であることは言うまでもありません。

---

30 利用者とうまくコミュニケーションをとる方法を教えて下さい

実習でコミュニケーションをとる際に，質問攻めになりがちです。そうならないために，楽しむ姿勢が重要だといえます。方法として，まずは自分のことを知ってもらい，利用者と自分の共通点を探し，コミュニケーションのきっかけを作ることが大事です。また，さまざまなスキルを駆使するだけでなく，相手のことを教えてもらうことや適切な距離感で見守るコミュニケーションがあることも知っておいて下さい。

ワークシート 8 - 2

　第 8 章 2「実習におけるコミュニケーション」のポイントを押さえながら，以下の 2 つの問題に取り組んでみましょう。

① 「非言語的コミュニケーション」の要素にはどのようなものがありますか。できるだけ，多く挙げてみましょう。さらに，挙げたものの中で，現場実習において特に重要なものは何でしょうか。

　　--

　　--

② 　現場実習中のある午後，利用者から「散歩に連れて行ってほしい」と懇願されます。この後，あなたがとるべき言語・非言語的コミュニケーションを具体的に挙げましょう。さらに作成した会話文を基に 3 人 1 組（実習生役，利用者役，実習先の職員役）でロールプレイを行いましょう（ロールプレイを行った後に気づきのふり返りを行いましょう）。

　　① 　まず，あなたは利用者にどのように伝えますか。

　　　--

　　② 　その次にあなたは誰とどのようにコミュニケーションを図りますか。

　　　--

　　③ 　①・②で考えたコミュニケーションの内容に沿って，ロールプレイを行いましょう。そして気づきのふり返りを行いましょう。

　　　--

　　　--

ワークシート 8 - 3

　現場実習中，実習生が，利用者（地域住民）の自宅での面接場面に実習先の職員と同行することが許されました。実習生は，「同行前（準備）」「在宅において（入室前から退出まで）」「施設・機関への帰路及び到着後」の 3 つの段階に分けて，行うべき行動，注意点をできるだけ挙げてみましょう（個人の作業も可，グループであるいは複数メンバーで話し合ってもよい）。

　・同行前（準備）

　　--

　・在宅において（入室前から退出まで）

　　--

　・施設・機関への帰路及び到着後

　　--

3 巡回指導・帰校指導

1 ソーシャルワーク実習教育におけるスーパービジョン

（1） スーパービジョンの重要性

　ソーシャルワーク実習の学びは，実習中のみならず，実習の事前，事後指導も含めて一貫して行われるものです。事前指導では，実習を行う意義，実習先の選定，実習に向けての心構えや意欲の向上，専門知識や技術の研鑽，実習計画書の作成など実習生同士あるいは実習指導教員と実習生が話し合い，実習に向けての準備を進めていきます。実習中は，実習計画に基づいて課題に取り組むかたわら，実習中の出来事に関する悩みを解消したり，新たな気づきを得るために自ら考えたり，実習先の実習指導者や実習指導教員に相談したりアドバイスを受けたりしながら，実習計画の達成を目指していきます。事後指導においても，実習成果を確認したり実習中の出来事や利用者との関わりをふり返ったりしながら，悩みや疑問を整理して今後の学習につなげていくことになります。

　とりわけ，実習中は利用者との関係づくりや関わり方，支援計画の作成など多くの課題を抱えることとなります。また，「どのように行動したらよいかわからない」「取り組むべき課題が漠然としており具体的に何をすればよいかわからなくなった」「職員との関係をうまく築くことができない」「職員によって指示の内容が異なるがどなたの指示に従えばよいのだろうか」といった悩みが生じることもあります。

　実習前・実習中・実習後のさまざまな悩みに対し，実習生がすべて自ら解決できるわけではありません。そこで必要となるのがスーパービジョンです。ソーシャルワーク実習教育におけるスーパービジョンは，主に実習指導者あるいは実習指導教員から受けることとなります。

（2） スーパービジョンの意味

　スーパービジョンとは，実習生や経験の浅い職員がその有する力量を発揮し，より適切な実践を行うことができるよう，教育・訓練・支援などを行う過程を指します。より適切な福祉サービスを提供するための専門職養成を目的としています。スーパービジョンを行う実習先の実習指導者や実習指導教員，高度な専門性を兼ね備えた職員をスーパーバイザーといい，スーパービジョンを受ける実習生や経験の浅い職員をスーパーバイジーといいます。

　スーパービジョンは，実習生が抱く疑問や悩み，実習生の不適切な言動に対してスーパーバイザーである実習指導教員が一方的に指導や教育を行ったり利用者支援の極意を

教えたりするものではありません。指導や教育の観点は当然含まれますが，むしろ実習生自身の気づきを促し，いろいろな出来事を整理し，新たな方向性を導き出すところに焦点が当てられます。具体的には，実習生が抱える悩みや疑問について，スーパーバイザーが実習生と一緒に考え，実習生が整理できるように導いていきます。表面的な現象にとらわれ本質を見出せていなかったり，利用者に対して気づかないまま不適切な関わりを行っていたりする場合に，一歩踏み込んだ考察や支援についての気づきを促します。さらに，不安に感じていることについて支持したり励ましたりして自信へとつなげたり，自ら考え行動できるように促したりします。それにより実習生は，これまでの実習をふり返り，さまざまな出来事を整理し，今後の取り組みを模索していくこととなります。

　実習計画をスムーズに展開できるように，実習プログラムや実習内容を確認し，必要に応じて実習計画書を見直したりすることで，実習をより意味のあるものとし，専門職養成に役立てていくのです。

（3）　スーパービジョンの機能

　スーパービジョンをよりわかりやすく理解するために，スーパービジョンの働きともいえる機能について説明します。スーパービジョンには3つの機能があるといわれています（表8-1）。

　さらに，評価機能を加えることもあります。これは，実践の結果と職員としての成長度を評価することです。実習におけるスーパービジョンとしては，教育機能，支持機能，評価機能が主に用いられます。

表8-1　スーパービジョンの機能

機　能	内　　容
教育機能	具体的な事例を通して必要な価値，知識，技術を教えたり，スーパーバイジーが学ぶのを援助したりすることです。
管理機能	施設や機関の役割や機能を遂行するために管理職が業務計画の立案，ソーシャルワーカーの業務分担，連絡調整を行うものです。
支持機能	励まし，賞賛，見守りなどを通して，スーパーバイジーの意欲を高めたり，あるいは挫折感，不安感を軽減したりして専門職としての誇りと自覚を高めていくことです。

出所：筆者作成。

31　実習指導者とうまくコミュニケーションをとるにはどうすればよいですか
　筆者自身が実習生の頃は，実習指導者の様子を観察してどのタイミングなら声をかけやすいのかを考えていました。せっかくコミュニケーションをとろうとしても，タイミングが悪ければ不完全燃焼のまま会話が途切れてしまうかもしれません。実習指導者も実習生とたくさん話をして思いや考えを聴きたいと思っていますので，少し業務が落ち着いている時を見計らって話しかけてみましょう。

（4） スーパービジョンの方法

スーパービジョンはいつ，どのような形で行われるのでしょうか。ここでは主に実習中のスーパービジョンについて説明します。個別に行われる形式もあれば，複数のスーパーバイジーである実習生がスーパーバイザーと集団で行う形式もあります。
実習生同士の集団で話し合うピアスーパービジョンも重要です。実習指導教員からのスーパービジョンは，巡回指導や帰校指導の機会を活用して行われます。実習記録や現場実習をふり返っての面談の中から課題を見出し，整理します。

実習先の実習指導者からのスーパービジョンでは，毎日夕方の時間帯に一日をふり返りながらスーパービジョンを受けることが基本となっています。実習生は，その日の出来事で疑問に感じていることや自分の言動をふり返り，どのようなことを感じているのかを話しながら助言や指導を受け，整理します。その日のうちにふり返り，助言や指導を受けることにより，課題や疑問を整理することができます。また，毎日のふり返りが困難な場合であっても，実習中に悩みや疑問が生じた時には，スーパーバイザーに依頼して時間を設定してもらうことを心がけましょう。

一方，実習中に何か出来事が起こった直後に，その場，その時に受けることもあります。利用者と面接を行った直後，コミュニケーションを行った直後，日中プログラムに参加した直後，カンファレンスに参加した直後など何かの場面に関わった直後に行うこともあります。その時の出来事をふり返り，どのようなことが起こっていたのか，どう対応したのか，そのことについてどのようなことを思ったり感じたりしたのか，自分なりにそのことをどう分析しているのか，今後の対応はどうすべきかなどを整理します。

さらに，実習記録を基にスーパービジョンが行われることがあります。記載内容を基に状況整理や，あいまいだった事柄の明確化，自身の考えの修正，問題の掘り下げ，疑問などを解決することができます。

（5） スーパービジョンを受ける際の心構え・留意点

スーパービジョンを受けるに当たっての心構えや留意点を4点挙げておきます。まず1点目は，自ら考えることです。スーパービジョンは，スーパーバイザーから正解を教えてもらうことが目的ではありません。実習生が，自らの言動をふり返り，あるいはものごとを理解するのに視野を広げることによって，自ら気づきを促し新たな考えや動きができるきっかけを作っていくのです。

利用者との関わりについてのスーパービジョンを例に考えてみましょう。実習生はま

ず，利用者との関わりにおいて，いつ，どこで，どのような状況で，どのようなことが起こっているのか，そのことに対し，どう対応したのか，それはなぜか，その時の思い（感情）はどのようなものだったか，また時間が経った現時点でどのような思いを抱いているか，今後どう対応したらよいと考えているか，といった項目について整理してみることが大切です。これら実習生が考えたことを基に，スーパーバイザーとの話し合いに臨み，助言や指導を受けることになります。このように，スーパービジョンで大切なことは自ら考えることなのです。

　2点目は，スーパービジョンの意味を正しく理解することです。スーパービジョンは，叱られる場でも悪い点を指摘される場でもありません。あくまでも実習生のソーシャルワーカーとしての力量を高めることが目的なのです。

　実習生は，スーパーバイザーとのコミュニケーションを大切にし，信頼関係を深め，素直かつ率直に思いを表現することが求められます。また，スーパーバイザーの助言や指導を謙虚に受け止める姿勢も大切です。

　3点目は，スーパービジョンをその後に活かすことです。スーパービジョンを受けて得た学びや気づきをその後の実習の中で応用し活かしていくことが重要です。同じような場面に遭遇した際，冷静に出来事を理解し，判断することができるよう自分自身の感情，思考や言動を整理する努力を怠らないようにしましょう。

　4点目は，積極的にスーパーバイザーを活用することです。「職員の方は忙しそうだから，質問しにくい」「なかなか実習指導者に自分の思いを伝えられない」といった遠慮をするのではなく，思い切ってスーパービジョンの機会を設けてもらいましょう。思い切って声を出すことが大切です。そして，実習中は決して一人で悩んだり問題を抱え込んだりしないよう，実習指導教員や実習指導者に相談することをお勧めします。一人で悩みを抱え込んでいても解決しません。悩みを人に話すだけでも随分と気分的に楽になることもあります。悩みを共有することこそ，スーパービジョンの第一歩ともいえます。

32　「主体的に取り組んで下さい」と言われるけれど，どうすればよいですか

　現場実習は，ソーシャルワークの現場を体験する貴重な機会です。実習生だから何もできないと受け身になってばかりでは，最低限の学びしか得られません。せっかくの貴重な機会を，より充実したものにするために，新人として採用され，現場実習が終わったら実際に実習先でソーシャルワーカーとして働くと思って現場実習に取り組むと，姿勢や見える視点が変わって主体的に現場実習に取り組めると思います。

33　「積極的に関わる」って具体的にはどういうことですか

　実習先では，実習生の基本的な態度や学ぶ姿勢を見ています。目の前の状況をただ見ているだけにならないように，実習中は自分のできることを見つけて積極的に動きましょう。利用者に話しかけられた時，話しかける時に笑顔で受け答えができているかも大切です。初めはわからないことが多いと思いますが，自分から「させていただけますか」「お聞きしても宜しいでしょうか」と話しかけるなど，学ぼうとする姿勢を示すことが大切です。

2　巡回指導・帰校指導の意義・方法

　前項においてスーパービジョンの必要性や方法等について学びましたが，現場実習における スーパービジョンの具体的な形態としては，巡回指導や帰校指導があります。本項では巡回指導・帰校指導の意義や方法について述べていきます。

（1）　巡回指導・帰校指導の意義

　巡回指導とは，実習指導教員が実習先に訪問し，実習先にて行われる実習指導のことです。一方，帰校指導とは，実習生が養成校に帰り，養成校にて行われる実習指導のことです。いずれも現場実習の期間内に行われます。現場実習の期間中は，週に1回以上の巡回指導もしくは帰校指導を行うことになっています。

　現場実習中になぜこのような指導が行われるのでしょうか。実習生の中には，毎日の現場実習を問題なくこなせていれば，このような指導は不要と考える人もいるかもしれません。しかし，本当に不要でしょうか。

　現場実習では，実習先の利用者や家族，そこで働く実習指導者を含めた社会福祉専門職，あるいは関連する施設・機関の社会福祉専門職，地域住民など，さまざまな人々と出会い，さまざまな体験をします。しかし，単に誰と出会ってどのような体験をしたかが重要なのではありません。出会いや体験から何を学んだか，どのような気づきがあったのかが重要なのです。例えば，利用者Aさんとコミュニケーションをとったことが重要なのではなく，どのような話をしたのか，なぜその話をしたのかといったことや，話の内容からAさんのこれまでの生活や現在の生活について理解できたこと，話し方から把握できたAさんの特性や配慮が必要なことなど，得られた学びや気づきが重要になります。このような学びや気づきを積み重ねることによって，社会福祉士や精神保健福祉士としての実践力を高めていけるのです。

　前述したように，大切なことは「うまくこなすこと」ではありません。たとえ失敗しても，その失敗から学びや気づきを得ることが大切なのです。しかし，出会いや体験の中にどのような学びや気づきがあるのか，実習生一人ではうまくつかめないこともあるかと思います。そこで，実習生の学びや気づきを促し，充実した現場実習となるように，自分以外の誰かと定期的に現場実習をふり返る取り組みが必要となります。それが巡回指導や帰校指導なのです。

34　巡回指導や帰校指導までに何を準備しておけばよいですか

　巡回指導や帰校指導では，どのような学びがあったのかを実習指導教員や実習指導者から確認されますので，事前に実習記録を読み返し，整理しておきましょう。その際，実習計画書と照らし合わせ，現場実習前に自分で設定した課題の達成度を検討しておいて下さい。巡回指導や帰校指導では，必要に応じて実習計画書の見直しを行いますので，大事な作業です。また，確認したいことや質問したい内容を事前にメモに書いておくこともお勧めします。

表8‐2　巡回指導・帰校指導における確認事項

①　実習生の健康状態や不安を確認する
②　実習生の学習状況・実習プログラムを確認する
③　実習記録の内容を確認し，指導する
④　実習生の行動（職員・利用者との関係形成に関する問題等）を確認する
⑤　実習生の実習内容に対する評価を確認する
⑥　巡回指導・帰校指導後の実習の進め方について確認する

出所：関西福祉科学大学「巡回・帰校記録」を基に筆者作成。

（2）　巡回指導・帰校指導の目的

　では，巡回指導や帰校指導は何を目的として行われるのでしょうか。

　巡回指導と帰校指導は実施される「場」が異なりますが，その目的は共通しています。簡潔に述べますと，これまでの現場実習への取り組みと現在の状況，今後の進め方について確認することです。具体的には，表8‐2に示す内容を確認します。

（3）　巡回指導・帰校指導の方法

　ここでは巡回指導と帰校指導がどのようにして行われるのかについて述べていきます。まず，巡回指導についてです。

　先ほど述べたように，巡回指導は実習指導教員が実習先を訪問して行われます。その形態は3つに大別されます。①実習生，実習指導者，実習指導教員による三者面談，②実習指導者と実習指導教員による二者面談，③実習生と実習指導教員による二者面談です。

　①の形態では，実習生から語られるこれまでの現場実習における学びや気づきを実習指導者，実習指導教員と共有しながら，課題を確認し，今後の進め方について検討します。その際，現場実習前に作成した実習計画書と照らし合わせ，必要に応じて実習計画書の見直しを行うことがあります。実習指導者だけではなく，実習生と関わっている他の社会福祉専門職が同席することもあります。

　②では，実習指導者による実習生への評価を確認するとともに，現場実習前も含めたこれまでの実習指導を通して，例えば実習生のストレングスのように，実習指導教員が実習指導者に伝達しておくと，今後の現場実習においてプラスに作用すると考えられる事項が共有できます。また，実習先の養成校に対する要望が，実習指導者から実習指導教員に伝えられることもあります。その内容は実習指導教員を通して養成校において共有し，検討した結果は実習先にフィードバックされます。内容によっては，養成校としての実習教育のあり方にも関わってくることがあります。このように，巡回指導の機会というのは，実習先と養成校との連携によって実習教育が行われていることを明確に示すものといえます。

　③では，実習生が実習指導者には打ち明けられずに抱えている悩みが表明されることがあります。そのような場合には，実習指導教員が実習指導者や実習先に相談し，今後

の実習プログラムや実習計画書の見直しを行うことがあります。

　巡回指導を①の方法のみで行うこともあれば，状況によって複数組み合わせて行うこともあります。

　次に，帰校指導の方法について述べていきます。先ほど述べたように，帰校指導とは実習生が養成校に帰り，養成校で行われる実習指導のことです。その形態は2つに大別されます。①実習生と実習指導教員による個別指導，②複数の実習生と実習指導教員によるグループ指導の2つです。

　①の形態は，実習生と実習指導教員が1対1で行うものです。時間をかけて面談をした方がよい場合や，他の実習生がいると話しづらい場合に用いられます。その他にも，他の実習生と帰校のタイミングが合わないといった理由で個別指導の形態をとることもあります。

　②は複数の実習生が参加するものであり，他の実習生に対して自身の現場実習について語ったり，他の実習生の話を聴いたりすることで，考えや思いが整理されたり，悩みが解消されたり，新たな学びや気づきを得ることができます。また，同じ実習生という「仲間」と会い，話をすることが，残りの実習への活力となることも期待されます。

　以上，巡回指導や帰校指導の方法について述べてきました。巡回指導であっても帰校指導であっても，実習記録を用いて行うという共通点があります。その理由は，実習記録はこれまでの現場実習の内容や，その時々での実習生の考えや実習指導者の指導内容が記述されており，二者間あるいは三者間で情報を共有することのできるツールだからです。また，巡回指導や帰校指導においては，情報の共有のためだけでなく，記述方法や内容といった実習記録そのものへの指導も行われます。

　巡回指導や帰校指導は，事前の準備や事後のふり返りといった一連の流れを大切にすることで，より実りあるスーパービジョンが可能となります。次頁のワークシートの①と②は準備，③はふり返りのための項目となっていますので，①と②は指導前に，③は指導後に記入して下さい。

ワークシート8-4

　巡回・帰校指導の際，以下のワークに取り組み，ふり返りましょう。紙面の都合上，1回分のみの掲載ですが，コピーして巡回指導や帰校指導ごとに記入して下さい。

① 　前回の巡回指導または帰校指導（スーパービジョン）から今回の指導までの間で，どのようなプログラムを経験しましたか。また，それぞれのプログラムを通してどのような学びや気づきがありましたか。

プログラム	学びや気づき

② 　①を踏まえた上で，巡回指導または帰校指導（スーパービジョン）の際に相談したいことや確認したいことを記入してみましょう。

③ 　①及び②を基に，今回の巡回指導または帰校指導（スーパービジョン）を受けての気づきや学びはどのようなことでしたか。それを受けて，今後，どのようなことに取り組みたいと考えますか。

4　学内実習プログラムへの取り組み

1　学内実習と教育プログラムの概要

　2020年から日本でも猛威をふるっている新型コロナウイルス感染症の影響により，実習先における実習が困難となり，その代替手段として養成校内の学びに切り替えられた実習のことを学内実習といいます。このように，感染拡大の状況により実習先と実習生双方の安全が確保できなければ，実習先における実習は困難なものとなります。

　しかし本来は，現場において学ぶ「実習」は，ソーシャルワーク教育の根幹をなす重要な科目であり，学内実習では代替できない教育方法であるといえます。そのため，学内実習であったとしても可能な限り，現場の学びに少しでも近づくことができるような創意工夫が求められます。表 8 - 3 は，一般社団法人日本ソーシャルワーク教育学校連盟による教育プログラム例です。

2　学内実習における実習先との具体的な教育プログラム例の紹介

　ここでは，実際の学内実習において，実習先からの協力や支援を基に実現した教育プログラム例を紹介します。

（1）　オンラインによる相談面接場面のロールプレイと講評

　実習教育用の事例を活用し，実習生がソーシャルワーカー役，実習指導者が相談者役になり，オンラインによる相談面接場面のロールプレイを実施後，実習生が自らの言動

表 8 - 3　学内実習の教育プログラム例

・ソーシャルワークの実践現場を扱った映像教材の活用
・ロールプレイやグループ活動を通した体験型教材の活用
・実習施設とのオンライン接続による学習
・電話連絡等による声掛けや安否確認等の活動
・関係機関や団体へのインタビュー
・事例学習
・実習記録等に相当する記録の作成
・過去の実習の映像等の活用
・先輩の実習記録や実習報告の活用
・個人やグループでのふり返りやスーパービジョン　など

出所：日本ソーシャルワーク教育学校連盟「新型コロナウイルス感染症に伴う社会福祉士・精神保健福祉士養成の対応について」2020年より抜粋，一部改変。

や姿勢をふり返るとともに，実習指導者から講評を受けます。

（2）　オンラインと紙媒体を活用した支援計画の作成・発表と講評

　実習先が個人情報に十分配慮しマスキング加工した利用者の資料を活用し，実習生が利用者とオンラインでコミュニケーションを図ったり，利用者に質問したりします。それ以降は，わからないことがあれば，実習指導者に質問しながら利用者の支援計画を作成し，オンラインで発表後，実習指導者から講評を受けます。

（3）　オンラインによる会議への出席

　実習生は，実習先が開催している各種会議にオンラインで出席し，開催目的の理解や多職種連携の実際，会議運営の留意点を学びます。

（4）　オンラインや紙媒体による実習指導者や医療に関わる専門職へのインタビューやアンケートの実施・分析と講評

　オンラインにより，実習生が実習先の実習指導者や医療に関わる専門職に対してインタビューを実施したり，あるいはアンケート用紙を作成し，実習先訪問や郵送により回答されたアンケート内容を分析しながら発表資料を作成し，学内実習の最後に実習指導者や関係者に発表し，講評を受けます。

（5）　オンラインによる地域住民対象の企画作成・発表と講評

　実習生は，オンラインで地域住民の集まりに参加し，事前に準備していた地域住民に役立つ企画を発表し，地域住民から感想をもらうことで，企画の評価を受けます。

（6）　オンラインによる施設・機関の概要説明と見学

　実習生は，オンラインで，実習指導者から実習先の概要の説明を受けたり，施設・機関内を見学したりします。

　他にも，養成校内で，他の実習生や実習指導教員と，事例や映像教材を用いたグループディスカッションやロールプレイ，課題のまとめを発表するなど，多彩な方法で実践的な学びを深めていきます。学内実習では，目の前に利用者や地域が存在していませんので，実習生の想像力も大切になります。

35　現場を少しでも経験したいです

　実習でありながら，受け入れ先に行くことができない，これは実に辛い経験です。しかし，できないことを悔しく思うより，どうすれば少しでも現場に近づく実習ができるかを考えてみましょう。そこで，大きく3つの方法を提案します。1つ目はオンラインという作戦です。実習受け入れ先とインターネットでつながって，現地から実習指導者の話や許される範囲で現場の様子を見ます。現場の臨場感もある程度，伝わってくるでしょう。2つ目は，自分が行くはずであった実習先種別に関する動画（DVD）があるかどうかを養成校の実習室や図書館に確認してみましょう。3つ目は，インターネット上で，実習先の種別に関連する動画（YouTube 等）を見つけて学習の材料の一つにしましょう。

注

⑴　星野欣生『人間関係づくりトレーニング』金子書房，2002年，44頁。

参考文献
・第3節1

相澤譲治・津田耕一編著『事例を通して学ぶスーパービジョン』相川書房，2000年。

日本社会福祉士養成校協会編『相談援助実習指導・現場実習教員テキスト』中央法規出版，
　2009年。

・第4節

日本ソーシャルワーク教育学校連盟「新型コロナウイルス感染症に伴う社会福祉士・精神保健
　福祉士養成の対応について」2020年。

第 9 章

実習後にすべきことを
理解しよう

1 実習先へのお礼状の書き方

1 お礼状を書く意味

　実習では，実習指導者をはじめ，さまざまな職員や関係者にお世話になっています。実習開始前から受け入れのための準備をしていただくとともに，実習期間中は，通常の支援業務に加えて多忙な時間の中で実習生に関わり，ご指導いただいています。そのご指導などに感謝の気持ちを伝えるためにも，実習終了直後にお礼状を送付しましょう。

2 お礼状を書く時のポイント

（1）送付の時期と送付先

　感謝の気持ちを適切に伝えるため，できる限り早く，できれば実習終了後から1週間以内にお礼状を作成し送付しましょう。送付先は，実習指導者をはじめ所属長や施設の職員全員であり，それらすべての人に向けて書きましょう。

（2）お礼状の形態

　葉書・封書の2種類があります。近年はパソコンで作成することも可能ですが，手書きで書くことにより，誠意やお礼の気持ちをより伝えることができます。

（3）内　　容

　お礼状の内容は，実習期間に直接ご指導を密にしていただいたことへのお礼はもちろんですが，実習での学びを端的にまとめた内容になるよう心がけましょう。

（4）文章の書き方

　前文・主文・末文・後付に沿って書きます。前文は，「拝啓」「謹啓」などを指す「頭語」と，時候の挨拶，先方の安否を尋ねる文，日頃の感謝を伝える文から構成されます。主文は，手紙の本題にあたります。自身の実習での体験を交えながら書くことが望ましいです。末文は，結びの言葉と，「敬具」「謹白」などを指す「結語」で構成されます。後付は，日付と差出人の署名からなります（図9-1・2）。

（5）誤字・脱字に注意し黒色ボールペンで書く

　必ず下書きをし，誤字・脱字がないかを確認しましょう。何度も読み返して，相手にとって読みやすい字になるように書きます。それを終えてから，消えない黒のボールペンで清書しましょう。

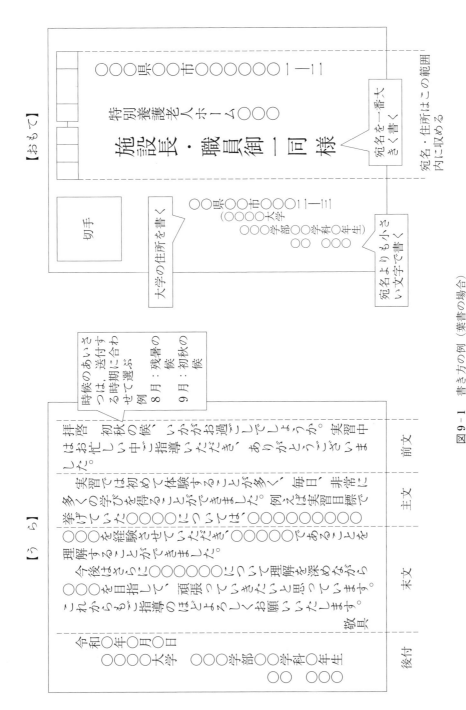

【おもて】

○○○県○○市○○○○○○１─１１

特別養護老人ホーム○○○

施設長・職員御一同様

宛名を一番大きく書く

宛名・住所はこの範囲内に収める

切手

大学の住所を書く

○○○県○○市○○○１─１─三
（○○○○大学
　○○○学部○○学科○年生）
○○　○○○

宛名よりも小さい文字で書く

【うら】

前文
　拝啓　初秋の候、いかがお過ごしでしょうか。実習中はお忙しい中ご指導いただき、ありがとうございました。

主文
　実習では初めて体験することが多く、毎日、非常に多くの学びを得ることができました。例えば実習目標で○○○を挙げていた○○○については、○○○○○○○○を経験させていただき、○○○○○であることを理解することができました。

末文
　今後はさらに○○○○○○について理解を深めながら○○○を目指して、頑張っていきたいと思っています。
　これからもご指導のほどよろしくお願いいたします。
　　　　　　　　　　　　　　　敬具

後付
令和○年○月○日
　○○○○大学　○○○学部○○学科○年生
　　　　　　　　　　○○　○○○

時候のあいさつは、送付する時期に合わせて選ぶ
例　8月：残暑の候
　　9月：初秋の候

図9-1　書き方の例（葉書の場合）

出所：関西福祉科学大学社会福祉実習教育モデル研究会編『相談援助実習ハンドブック』ミネルヴァ書房、2014年、139頁、一部改変。

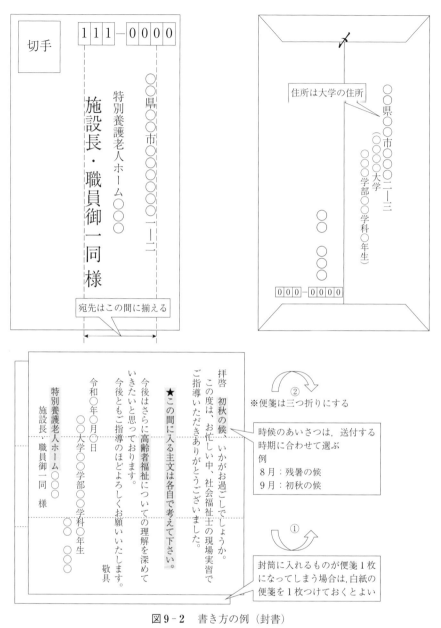

図9-2 書き方の例（封書）
出所：関西福祉科学大学社会福祉実習教育研究会作成。

ー 36 手紙を書くのが苦手です ー

　メールやSNSが普及した今日では，手紙を書くという機会が少なくなってきました。しかし，日本では年賀状のように挨拶を文章で書きとめて送るという文化があります。挨拶状，お礼状，お詫び状などビジネスの場面でもメールよりも手紙が用いられることもあります。手紙の書き方は，「頭語」「結語」「時候の挨拶」「送り先への敬称」など基本的なルールがあります。手紙の書き方を紹介するサイトもたくさんあります。これを機会に，正しい手紙の書き方を覚えてみて下さい。

ワークシート9-1

　図9-1を参考にして，実際にお礼状を書く練習をしてみましょう。

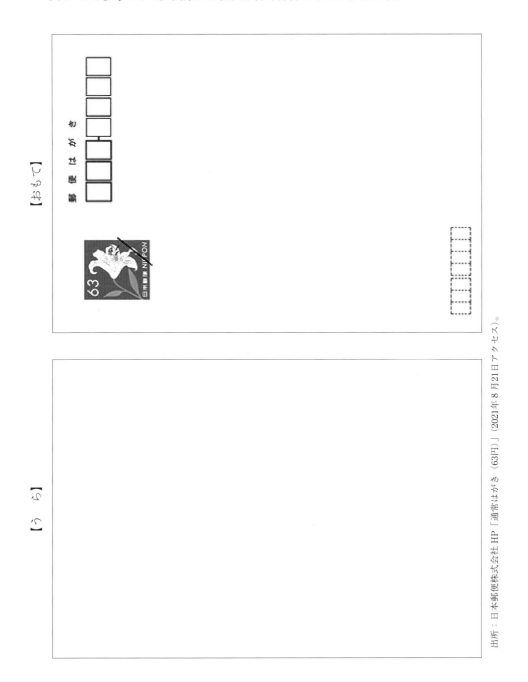

【おもて】

郵便はがき

63 日本郵便 NIPPON

【う　ら】

出所：日本郵便株式会社HP「通常はがき（63円）」（2021年8月21日アクセス）。

2 実習後にも求められる姿勢

1 現場実習後に守るべきルール

（1） 期日を守る

　養成校によって方法は異なりますが，最終日の実習記録とこれまでの実習全体のふり返りを記入する「実習全体のまとめ」については，実習終了後に記入して，原則，実習先に持参して提出することになります。

　そして，これらを受け取りに実習先に行きます。提出や受け取り日時については，実習指導者と事前に確認し，必ず定められた日時を守って下さい。

　また，実習中の食事代や宿泊代の費用が発生した場合にも必ず支払い期日は厳守しましょう。

（2） 利用者と個人的に関わらない

　現場実習終了後，個人的な判断で利用者との関わりは行わないようにしましょう。

　利用者との関わりは現場実習を行う上で，養成校と実習先で契約が交わされ成り立っているものです。その契約により，社会福祉専門職の役割や業務について学ぶために，利用者と関わらせていただくことになります。実習だからこそ，利用者やその家族の個人情報に触れることになりますが，それは実習中だけのことに限ります。

　ボランティアなどで利用者と個人的な関わりを行う可能性がある場合は，必ず，実習指導教員や実習指導者に相談して下さい。

（3） 利用者や実習先における守秘義務を遵守する

　実習先で知り得た利用者や実習先の情報は，現場実習終了後も決して口外してはいけません。

　実習中は，相談支援の場面などでは利用者やその家族に関する詳細な私的情報に触れる機会が多くなりますが，これは実習先や実習指導者が専門職養成の観点からできる限り具体的な学びの機会となるように提供して下さっています。くれぐれもそのことを忘れず，実習終了後も継続して守秘義務が課せられていることを認識して下さい。

　社会福祉士及び介護福祉士法第46条，精神保健福祉士法第40条に，それぞれ秘密保持義務についての規定が記されています。

　社会福祉士及び介護福祉士法第46条では「社会福祉士又は介護福祉士は，正当な理由がなく，その業務に関して知り得た人の秘密を漏らしてはならない。社会福祉士又は介護福祉士でなくなつた後においても，同様とする」と規定されています。

　万一，個人情報の漏洩が発覚した場合は，実習生であっても厳しく対処されることになります。

2　実習記録ノート等の整理・管理

（1）　実習記録ノートの整理・活用

　実習記録ノートは，実習中での出来事，利用者との関わりや気づき，そして学びや今後に向けての課題などについて自分自身をふり返るための貴重な資料となるものです。実習中の記録を見直し，実習指導者からの指導内容や誤字・脱字の修正，そして別途いただいた資料などを含め整理しておきましょう。

　また，実習終了後に実習先とボランティアなどで関わる際や卒業後の進路等において，自分自身の変化などを確認するために活用することができます。

（2）　実習記録ノートの管理・保管

　実習中に毎日記録したノートなどは細心の注意を払って管理し，保管することが求められます。自分では特定の利用者が認識できないように記入したつもりでも，実習先が記入されていることで第三者の目に留まり利用者が特定される場合がある，ということを常に頭において取り扱いましょう。

　現場実習後，養成校での事後指導や実習報告書の作成，実習体験報告会の準備等において，実習記録ノートを持ち運ぶ場合があるかと思いますが，個人情報が記載された書類であることを忘れず，丁寧に取り扱い置き忘れのないように十分注意して下さい。そのためにも，持ち運びは必要最小限にとどめることを心がけましょう。くれぐれも紛失しないよう，細心の注意をはらうことが必要です。

　実習記録ノート以外に，現場実習で作成した支援計画書や実習中に個人的に記録したメモなどにおいても同様です。注意して取り扱いましょう。

　37　実習先で出会った利用者の方と個人的に会ってもよいですか

　回答は「いいえ」です。実習先で出会った利用者は，あくまで「専門職（の卵）とその利用者」というそれぞれの役割を前提とした特殊な関係性の上に成り立っているものです。現場実習という限定された場における，大学と受け入れ先との契約上における関係ともいえます。その限定された関係を拡大解釈して，外に持ち出す（個人的に会う）ことは，契約違反にもつながりかねません。もし実習中や最後のお別れの際などに，利用者から連絡先を尋ねられた場合は断ってください。利用者があまりにも強く押してこられた場合には，実習指導者か実習指導教員にできるだけ早く相談して下さい。

3 自己覚知につなげる

　実習を終えて，さまざまな視点で物事を捉えることができ，課題などに気づくことでしょう。特に自分を知る機会や他者について考える機会を得ることができ，自分自身における性格や特徴，能力や物事の捉え方など自己覚知につながることになります。また，自らの専門職としての適性についての理解も深まっていきます。

　養成校での理論としてのこれまでの学びと実習先での実践的な学びを統合し，今後いろいろな人に目を向け，さまざまな問題に関心を持って取り組んでいきましょう。

3 実習先とのつながりを持つ意義

　実習先とは，実習が終了すれば関係が終わるということではありません。養成校は，あなたが実習終了後も継続して関係を築いていきます。現場実習として後輩の学生がお世話になりますし，先輩方が職員として働いている施設・機関も多くあります。

　このような関係があるからこそ，ボランティアとして関わって学ぶ機会が増えたり，実習指導者とのつながりを通して専門職としてのやりがいを自覚し今後の方向性を考える機会を確保できます。

　大学での机上の学びだけでなく数多くの現場での実践の場を体験することで，複雑で多様化する相談支援の実際について，さまざまな視点から考えていくことが可能になります。

1 より深められる学びに向けて

　実習中には理解できなかった内容や実習指導者からの助言や指導について，また，養成校での事後学習を通して疑問に思った内容について，実習終了後でも実習先に質問をしてみましょう。質問に対する回答を得ることができたり，あるいは，養成校で行う事後学習の場に実習先の実習指導者が参加され，助言や指導をいただくこともあります。

　実習指導者は，後継者を養成するという観点から，実習中，実習先の職員や利用者等の関係者を含む人的資源や設備・建物等の物的資源，実習指導に要する時間や財源，情報等の資源を実習生に提供し指導を行って下さっています。そして，それは実習終了後においても継続して行われることがあります。

　こうした実習を通した関係があることが，現場実習だけでは得ることのできない学びを深めていくことにつながります。

2　ボランティア活動の場として

　現場実習終了後に実習先にボランティアとして活動させていただく学生もいます。継続して関わることで実習では取り組むことができなかった課題について取り組むことができたり，実習での緊張感から解放されることで，落ち着いて周りを見ることができ，実習中には理解できなかったことに気づくことにもなります。

　また，実習先とは違う種別・分野でのボランティア活動を行うことで，利用者やその家族への関わりや働きかけについて，さらには制度や社会資源の活用について多方面からの捉え方ができるようになったり，関係する施設・機関等の連携について理解できることにもなります。

3　専門職としての実践力向上を目指して

　現場実習での学びは，自身を見つめ直す機会となり，今後の方向性を考える上で大きな選択肢の一つとなるでしょう。

　地域の中では種別・分野を超えて横断的な関わりが求められており，現場での支援につながっていきます。

　利用者を取り巻く環境を整理していくと，現場は種別・分野を超えてつながっており，多方面から物事を捉えていくことが求められます。そうした現状からも，実習先や現場とのつながりは，多くの学びや成長する機会を得る場であるといえます。

　何より，利用者やその家族等との関わりや職員の対応について，自分の目で見て，感じることは今後の実践力の向上につながります。

　また，これからの社会福祉においては，包括的な相談支援や包括ケア，地域住民が主体的に地域課題に取り組めるような新たな地域づくりの推進など，地域共生社会の実現に向けた実践力を備えたソーシャルワーカーが求められています。

　現場実習やボランティア活動によって得られた利用者理解や社会・環境理解について，また相談支援の実際から見えてくる複雑かつ多様化する課題について整理を行い，将来に向けて実践力を備えたソーシャルワーカーを目指して，取り組んでいきましょう。

> 38　そもそも周りとの「つながり」って大切ですか
> 　「つながり」には，人や施設・機関とのつながり等さまざまな形があります。この「つながり」は，自身の悩みや1人では解決が困難な時に必ず何かの助けになってくれます。それは，今すぐかもしれないし，もっと後かもしれませんが，きっと自身の助けになります。また，自分自身が「つながり」を持つことで，誰かの役に立てることもあります。今ある，そしてこれから出会う「つながり」を大切につなげて下さい。

参考文献

・第2・3節

日本社会福祉士会編『社会福祉士実習指導者テキスト』中央法規出版，2008年。

日本ソーシャルワーク教育学校連盟編『ソーシャルワーク実習指導　ソーシャルワーク実習［社会専門］』（最新社会福祉士養成講座⑧）中央法規出版，2021年。

第10章

実習後における学習の
大切さを理解しよう

1 事後指導と事後学習の意義

1 事後指導・事後学習の目的

　ソーシャルワーク実習を通じて得られた経験は，実習生にとって貴重なものです。しかし，それを体験したということに留めておくのではなく，ソーシャルワーカーという専門職を目指す立場から，どのような専門的力量を高めていく必要があるのかを再確認し，ソーシャルワークの価値・知識・技術について新たに得られたことを習得していかなければなりません。

　現場実習の時間内でソーシャルワーカーが活躍している全分野の取り組みを網羅することは不可能です。そこで，ソーシャルワーカーに共通して求められる思考や倫理的判断とソーシャルワークの具体的な実践方法などの習得を促すために，実習終了後の取り組みとして事後指導・事後学習が位置づけられています。また，実習前の準備→現場実習での体験→事後指導・事後学習という構成の一部に位置づけられていることにより，実習前と実習後での実習生の習熟度も比較でき，実習生にどのような変化が起きているのかを実習生と実習指導教員の双方で把握できます。

　では事後指導や事後学習には，どのような学びの過程があるのかを確認してみましょう。例えば実習で経験したことをふり返る場面においては，図10-1のようなプロセスが紹介されています。

　特に表10-1で示したことが実習生に期待される気づきです。またふり返りの前後で実習生の認識にも変化がみられることもあり，従来の捉え方を修正し，発展させていくことも想定されています。つまり，ふり返りを通して実習生に新たな対処法が準備されるように促していきます。このような変化をもたらすためには，実習指導教員による専門的な視点からのスーパービジョンが欠かせません。

39　事後面談で求められる姿勢とはどのようなものですか

　実習中は何事も初めての「体験」であり，「気持ち」にも余裕がないことから，多くの体験を丁寧にふり返ることは難しいものです。実習が終わり，時間や気持ちに余裕ができたことによって改めて「あの時は，どのように対応すべきだったのか」「なぜ，失敗してしまったのか」など客観的にふり返ることができます。事後面談までに実習での学びを整理して，実習での学び（失敗談も含めて）を実習生の言葉でたくさん語ってくれる姿勢を実習指導教員は待っています。

図10-1　実習後における学びのプロセス

出所：村井美紀「実習スーパービジョン，訪問指導」日本社会福祉士養成校協会監修，白
澤政和・米本秀仁編『社会福祉士相談援助実習』中央法規出版，2009年，272頁。

表10-1　学びのプロセスにおける学生に期待される気づき

段　　階	学生に期待される気づき
思い出す	相手の言動だけでなく，自分の言動，周囲の動きを思い出し，それは相手と自分との相互作用によって展開している
多面的に捉える	体験当時にとらえていた自分の解釈だけでなく，相手や周囲にいた人にとって，どのような意味があるのかを改めて冷静に捉え直してみる
意味づける	実習体験では「できたこと・わかったこと」だけではなく，「できなかったこと・わからなかったこと」にもすべて意味がある

出所：図10-1と同じ，を基に筆者作成。

2　実習生と実習指導教員が協力する意義

　事後指導や事後学習の形態には，①実習生と実習指導教員の二者間，②授業時等の実習指導教員と複数の実習生，③実習生同士による集団，などがあります。特に①では，実習終了後に返却される実習指導者からの実習評価票の結果が告げられる場面も含まれます。多くの実習生がその結果に一喜一憂しますが，本来の目的はその結果を伝えることだけではなく，実習生と実習指導者の評価を突き合わせて，双方で異なっている内容を整理し，その要因を実習生が理解していくことです。また③の実習生同士による集団のメリットとして，実習体験のわかち合いからそれぞれの異なった経験が認識でき，お互いに認め合う関係性が生み出されることも期待されます。それによって，実習体験への肯定的な承認を自身に与えることにつながっていきます。

　その他のプログラムとしては，実習体験を総括する場を設けることが厚生労働省のカリキュラムで決められています。また現場実習を経験した実習生が次年度の実習を予定している実習生に実習内容を発表する「交流会」などを計画する養成校もあるでしょう。これらの取り組みを通じて，実習生は自身の体験を言語化できるようになります。そのことによって，実習生本人の実習中の葛藤などが解消されるように実習指導教員は指導していきます。このように事後指導・事後学習は，実習生個人で取り組むのではなく，実習指導教員の指導のもと，実習生同士が互いの体験を尊重し，それぞれの自己成長を促すための協働的な取り組みであるといえます。

2　事後指導と事後学習の進め方と演習

1　個別による事後指導・事後学習の目的

　現場実習前に掲げた「目標」や「具体的達成課題」が，どの程度達成できたかをふり返ることによって，実習体験を捉え直し，現場実習の成果をさらに高めたり，そこから生じた課題を整理して，今後の目標が検討できたりします。これは，実習生が目標や課題達成について自らに問いかけ直す作業でもあり，ソーシャルワーカーとして求められる専門的力量の基礎的な知識・価値・技術の習熟を促します。

2　個別による事後学習の方法

　実習生個人で取り組む事後学習で用いるものとして，実習計画書や実習記録，現場実習中に作成した成果物（レポート課題や支援計画書等）などがあります。これらを用いて，実習課題で①達成できたこと，②達成できなかったこと，③今後取り組むべき必要があることなどを整理していきます。他にも，コンピテンシーシート（166-167頁参照）を用いて，項目ごとに内容の習熟度を吟味することで前述した①②③へ内容を浮かび上がらせて，自らを再確認していきます。さらに，実習後の「実習報告書」の作成時には，これらの取り組みから明確になった実習成果と課題を文章化することで，自身がどの程度正確に課題を把握できているのかを推し量ることもできます。

3　個別による事後指導の方法

　主に実習指導教員と実習生の1対1での面談にて行われることが多く，その中で実習生は実習指導教員からスーパービジョンを受けます。実習指導教員との面談には，個別による事後学習で整理した内容も準備して臨みましょう。また面談時には，各養成校で設定している実習評価票の評価項目に照らし合わせながら，実習生は実習前・実習中・実習後における自らの取り組み姿勢や習熟度を自己評価します。合わせて，実習先から返送された実習評価票も用いて，実習生と実習指導者双方の評価を再確認します。そのことで実習生による自己評価と実習指導者による実習生への評価の比較もできます。このことは，実習生自身に気づきを促し，認識の相違点などを自覚させ，自身の捉え方を再整理できるように働きかけていくことでもあります。

　さらに実習指導教員は，その評価を第三者的な立場から捉えられ，中立的にスーパービジョンが行えます。また実習生は，実習指導教員からのスーパービジョンを受ける中で，自らが苦手としている「耳の痛い」内容にも触れられることがあります。フィードバックは，さらなる成長を目的に実施するものであり，内容や意図を正確に理解するように努め，謙虚に改善点を考えるようにしましょう。そして，改善点に向き合うことで，ソーシャルワーカーとしての成長を加速させることができます。

ワークシート10−1

　実習計画書や各記録物などから下記の項目を埋めてみましょう。

①　実習計画書で立てた目標や課題の中で達成・実施できたこと

----

②　実習計画書で立てた目標や課題の中で達成・実施できなかったこと

----

③　①・②を踏まえて，今後取り組むべき必要があること

4　グループによる事後学習の目的と方法

　実習生が実習中に体験したことを他の実習生に説明するには，その内容について十分理解しておかなければなりません。実習生にとってその作業は，改めて自身を客観的に捉え直す機会にもなります。グループのメンバー内でそれぞれの体験を共有化することは，実習生という同じ立場で互いに比較することにもなります。さらに他者の見解を知る機会にもなり，実習生本人にとっても新たな気づきが促され，現場実習による体験とソーシャルワークの理論を結びつけて多面的に理解できるようにすることがその目的です。ここからは，グループによる事後学習を実施する際のワーク例を紹介します。

（1）　実習中の失敗・成功体験を通した自己覚知

　実習中に経験したことについて「失敗した」「成功した」と感じた事柄をふり返り，なぜ自分がそのように考えたのか，なぜそのような行動をとるのか（とったのか）について考察することを目的としています。失敗・成功したと判断することは，自分自身の価値・判断に基づきますので，発表内容に対して，グループのメンバーから質問や意見を受けながら，専門職にとって必要不可欠な自己覚知を行っていきます。

①　演習の進め方

　次頁のワークシートをベースに，一人ずつ失敗談についての課題を発表し，質疑応答・感想を述べ合います。議論すべき内容があれば，論点（議論の中心となる問題点）を明確にして意見交換しましょう。その後，一人ずつ成功談を発表し，成功したと思った理由も含めて質疑応答・感想を述べ合い，意見交換しましょう。すべてが終われば，発表内容をクラス全体でふり返り，実習指導教員からコメントをもらい学びを深めていきましょう。

②　場面設定

　体験場面は，さまざまな状況が想定されます。例えば，クライエントや地域住民と接している場面，実習先の行事や地域の集まりに参加していた場面，支援計画の作成場面，実習指導者や実習先の職員と関わる場面など，多岐にわたります。

③　報告の内容

　場面を説明する段階では客観的な事実を述べます。例えば，「入浴を拒否された」というのは，「拒否」という言葉の解釈が人によって異なりますので，クライエントが実際にどのような言葉を発していたのかを述べるようにしましょう。そして，場面の考察にて，自分自身が考えたこと，その時にとった言動の理由について報告します。なお，体験談への単なる成功や失敗の評価づけをすることが目的ではありません。そこから今後の実習生自身にとっての有益な気づきを吸収していくことが重要です。

ワークシート10-2

実習中の失敗・成功体験を通して自己覚知に取り組みましょう。

① 「失敗した」と感じた体験について書いてみましょう。

【その場面の説明】
【その場面の考察】

② 「成功した」と感じた体験について書いてみましょう。

【その場面の説明】
【その場面の考察】

③ 上記の体験を踏まえ，自分自身の改善したいこと，さらに伸ばしたいことについて
書いてみましょう。

（2） バイスティックの 7 原則に基づくふり返り

　この演習では，ソーシャルワークの基本原則であるバイスティックの 7 原則を基に，グループ討議にてソーシャルワーク実習の場面をふり返ります。

① 演習の進め方

　バイスティックの 7 原則と取り上げたい場面を照らし合わせ，取り上げたい場面をどの原則と関連づけるのか，その場面の内容について考察するのか（考察できるのか）を検討します。

　まず実習生それぞれが発表し，質疑応答や感想を述べ合います。発表する時は，実習先のことを丁寧に紹介することで，グループメンバーはその場面を具体的にイメージできるようになります。また発表者以外は，その状況が具体的に想像できるまで，質問することが大切です。そして，全てが終われば，発表内容についてクラス全体でふり返り，実習指導教員からのコメントと総括を得て，学びを深めていきます。

② 記載内容

　取り上げる場面は，できる限り具体的に記入します。その場面や内容をふり返り，選択した原則が重要な理由，原則を活用してクライエントにどのような効果がもたらされたかなど，さまざまな角度から考察していきます。

　もし，実習時にクライエント本人との関わりがなかった，もしくはかなり少なかった場合は，バイスティックの 7 原則のうち 1 つの原則を取り上げ，自分なりにそれをどのように捉えているのか，あるいはその原則は実践の場でどのように活用されるべきなのかについて検討していきましょう。

ワークシート10-3 の記入例

> ① 地域包括支援センターでの実習で，介護保険サービスの利用について相談があった A さん（79歳）宅に職員の C さんと一緒に訪問した。A さん宅では連絡があった A さんの長女 B さん（55歳）も面接に同席された。C さんは，面接を行う中で，B さんから A さんの現状などを聞いていたが，A さんにも日頃の様子や希望することについて尋ねていた。
> ② 個別化の原則
> ③ A さんの現状は長女の B さんからの情報で把握できるかもしれないが，C さんは A さんに直接尋ねており，実際のクライエントである A さんの立場に十分配慮した関わりであった。A さんから直接話を聴くことで，B さんの A さんに対する認識と異なる点なども知ることができ，クライエントに対する先入観を抱くことを防いでいると理解できた。………………（以下，続く）

〜 40 グループの中で議論や意見交換をすることが苦手です 〜

　議論や意見交換は，キャッチボールと同じです。相手に言葉を投げかけ，また投げかけられた言葉に返答を返さなくてはなりません。些細な言葉であっても，「聴いていますよ」という意思表示をすることで，会話のキャッチボールは成立していきます。苦手なことは急に克服できません。少しずつ相手の話の内容に興味を持ち，最初は他の人の意見に同意することでもいいので，まずは声をあげてみましょう。

ワークシート10-3

　バイスティックの7原則に基づく実習体験のふり返りをしましょう。

① 実習において取り上げたい場面（事実）について簡潔に記入しましょう。

② 今回活用する原則を記入しましょう。

③ 記入した原則に沿って，①で取り上げた場面・内容をふり返り，選択した原則が重
　要な理由，原則を活用してクライエントにどのような効果がもたらされたか，さまざ
　まな角度から考えてみましょう。

④ 発表後，実習指導教員や他の実習生からもらったフィードバックを基に，あなたが
　考えたことを記載してみましょう。

（3）　実習先内外における連携のあり方，地域における実習先の役割

　実習を通して，ソーシャルワークの現場は，ソーシャルワーカーが単独で支援をしているわけではなく，多職種・他機関との連携が不可欠であることは実感できたことでしょう。この演習では，組織や個人間の連携，地域における実習先の役割について演習を通してさらに学びを深めていきます。

　①　演習の進め方

　実習先における連携のあり方や地域における実習先の役割について，実習生それぞれが発表し，質疑応答や感想を述べ合います。発表する時は，自分が行った実習先の特色や地域性などについて説明することに加え，必要に応じてエコマップ（第7章1参照）を作成すると，クライエントや地域の現状がよりイメージしやすくなります。そしてすべてが終われば，クラス全体で発表内容をふり返り，実習指導教員からのコメントと総括を得て，学びを深めていきます。

　②　記載内容

　実習先における連携については，連携の一場面の内容について具体的に記述します。そして，その連携がクライエント，家族や地域などにどのような影響や役割を果たしているかを考察していきます。

　また地域における実習先の役割については，実習先が行っている（関わっている）事業や行事などの取り組みを1つ取り上げて簡潔に記述し，その取り組みを通して，実習先が地域においてどのような役割や機能を担っているのかを整理します。地域の取り組みに実習先が参加している場合は，実習先が果たしている役割や受けている効果を考察する視点も重要です。

　ワークシート10-4の記入例

実習先が関わっている事業や行事などの取り組み	社会福祉協議会での地区ごとで開催しているサロン活動
取り組みの一場面の内容	感染症拡大の影響もあり，従来の開催方法ではなく，感染予防に配慮して行うことが提案された。その時，社会福祉協議会職員は，サロン活動開催のメリットとリスクについて関係者に説明していた。さらに，感染予防の方法を地域包括支援センターの保健師から講義を受けることも提案していた。
その取り組みを通して，実習先が地域にどのような影響や効果をもたらしているか，もしくは影響を受けているか	この取り組みから，社会福祉協議会職員は，地域で活動している住民の思いも十分に受け止めつつ，その活動意欲が損なわれないように関わっていることが理解できた。また，…………………（以下，続く）

ワークシート10-4

実習先における連携のあり方や地域における実習先の役割について考察してみましょう。

① 実習先における連携とその役割について考察してみましょう。

実習先の連携先	
連携の一場面の内容	
（考察） その取り組みを通して，本人，家族や地域などにどのような影響や役割を果たしているか	

② 地域における実習先の役割や機能，位置づけについて考察してみましょう。

実習先が関わっている事業や行事などの取り組み	
取り組みの一場面の内容	
（考察） その取り組みを通して，実習先が地域にどのような影響や効果をもたらしているか，もしくは影響を受けているか	

③ 発表後，実習指導教員や他の実習生からもらったフィードバックを基に，あなたが考えたことを記載してみましょう。

5　事例検討の実施

　ソーシャルワーカーは，日々の実践においてクライエントや地域などに関して展開されている　つひとつの出来事に対応します。そして，それらが時間の経過においてつながり，事例という様式で残されていきます。つまり，ソーシャルワーカーにとって事例は日々の実践の結集です。また他のソーシャルワーカーからすると，未経験のことも含まれており，今後実践していく上での教材にもなります。ソーシャルワーク実践において事例は，①仮説の生成，検証や既存理論の検証を行う事例研究法，②専門的実践の維持・向上を目的とした事例検討法，③専門支援者を養成するための事例教育法に活用されています[(1)]。

　事例検討を行うにあたっては，まずメンバー内で決められた記録様式にしたがって内容の記載から始めていきます。例えば，①事例のタイトル，②事例の概要（これまでの経緯など），③クライエントの情報（ジェノグラム・エコマップ・生活歴・病歴・障害〔ADLなど〕，④アセスメント（支援を受ける理由，家族間の問題，家族的背景，クライエントの対人関係など），⑤支援計画（クライエントのニーズ・支援目標・具体的な支援内容など），⑥考察などの項目が挙げられます。別の方法では，ある場面でのやりとりを再現し，その時の経過をふり返っていくものもあります。

　事例検討会当日に事例発表者は資料を配布し，内容について紹介していきます。また会場では，全体の進行役を司会者が務め，円滑に会が進むように配慮します。参加者には①自分の意見をもって「考えること」，②発表によって自分の意見を「表現すること」，③周りの参加者の意見にも耳を傾けて，「受けとめること」，そして参加者同士の議論によって洞察を深めて「気づいていくこと」，という姿勢が求められます[(2)]。

　内容の紹介が終わると，事例検討を始めます。検討内容はさまざまですが，事例に登場するクライエントや周りの関係者の現状が十分に把握できているか，また発表者自身がその事例に接した時にどのような考えや反応を示したか，について再確認するとよいでしょう。

　さらに事例の内容を深めるためには，①正確な情報収集，②クライエント理解，③問題の本質を探る，④ニーズが何かを把握する，⑤活用可能な社会資源を調べる，⑥支援計画を立てる，ということが必要となります[(3)]。この6点は，ソーシャルワークの展開過程とも関連しており，事例検討はそれを疑似体験する機会にもなります。したがって事例検討を行う際には，参加者である実習生にも現在身につけている価値観，専門的知識・技術に基づいた支援の判断が求められ，ソーシャルワーカーとしての思考や判断力が備わっているのかが試されるわけです。事例を用いた事後学習は，厚生労働省のカリキュラムに位置づけられており，これまで述べてきたことを意識して，積極的に参加していきましょう。

3　実習体験報告会の意義と進め方

1　実習体験報告会の目的

　実習生が実習先で得た体験を言語化する機会は重要です。文章化する作業としては，次節で取り上げる実習報告書の作成がありますが，自らの言葉で報告・発表する場としての実習体験報告会は大きな意義を持っています。実習期間中，実習生は実習指導教員や実習指導者からスーパービジョンを受けてきましたが，大勢の聴衆（同期の仲間，後輩，他の実習指導教員，実習指導者など）の前で報告・発表（プレゼンテーション）する機会を設けられ，フィードバックを受けることは，緊張感も生まれ，これまでとは異なった実習内容のふり返りを行うことができます。

　また，他の実習生の実習体験報告を受けることで，異なる実習先での実習を追体験できることに加え，報告を聞くことを通して自分が経験した実習内容に新たな意味づけが生まれ，経験した内容をより深めることができます。そして，後輩にとっては，現場実習を終えたばかりの先輩たちから貴重な経験を聞くことを通して，漠然と抱えていた不安を軽減させたり，事前学習として何を取り組めばいいか，今後の学びの方向性を考えたりすることができるようになります。

2　実習体験報告会の準備と方法

　実習体験報告会は，実習生が前に出て報告・発表し，会場からの質問に答えるといった形式で実施されます。報告をするためには，テーマや項目を決めて準備をする必要があります。実習生以外は実習先について前提となる知識を持ち合わせていません。そのため，実習内容を発表する前に何から伝えれば，聞いている人たちが理解しやすいかを想像して準備する必要があります。発表項目の一例としては，以下のようなものがあります。

　　①　実習先の基本情報
　　　　法人・事業所名，地理的情報，法人の理念や目的，従業員数など。
　　②　実習計画書に記載した内容
　　　　実習テーマ，取り組みたいと考えていた実習内容，事前学習の内容など。
　　③　実習内容
　　　　実習初期・中期・後期など時系列にまとめたものや，「クライエントとのコミュ

ニケーション」のようにテーマ設定した内容など。

④　実習を通しての気づき，課題

　実習で学んだことや気づきとそこからみえてきた課題に対して今後どのように取り組んでいくのかといった事後学習の展望など。

　発表方法は PowerPoint のようなプレゼンテーションソフトを使用しても，発表用ポスターを作成してもよいでしょう。いずれにしても参加者が集中し，意見を出しやすい方法を選択していきます。養成校にもよりますが，少人数の実習生の場合は，実習生全員が個別で発表をすることが理想です。しかし，大人数の実習生がいる養成校で実施が不可能な場合は，クラス単位・実習先の種別単位のようなグループに編成して発表する方法を取ることもあります。

3　実習体験報告会当日

　実習体験報告会は実習生が受け身にならず，積極的に取り組む必要があります。参加者からの質問やフィードバックの時間も十分に確保しましょう。質問やフィードバックが会場からなかなか出ないことがあります。司会者は漠然と「質問ありますか」と問いかけるのではなく，「実習内容に関することで質問はありますか」など焦点を絞る，時にはマイクを参加者に持っていって「感想でもよいので一言お願いします」のように発言を促す工夫をします。

　全員の発表後，発表者と参加者で 5 ～ 8 人程度のグループに分かれて，実習記録の閲覧や全体では聞きづらかった内容を質問するような時間を取ります。こうすることでグループでの相互作用も期待できます。授業終盤には実習体験報告会を終えてのふり返りをワークシートに書いてまとめたり，実習指導教員による講評などを受けたりして，学びを深めていきます。

> **41　人前で上手に話せるようになるにはどうすればよいですか**
>
> 　多くの実習先では，実習の締めくくりとして「報告会」あるいは「発表会」が予定されています（ないところもあります）。実習を終えてからも，学内での報告会が行われるなど，大勢の前でプレゼンテーションを行う機会が多くあります。その場合，学生にとっては非常に緊張する場となるでしょう。では，どうすればよいプレゼンテーションになるでしょうか。一つは「上手に話そうとしない」と思うことが大切です。何も見ないで，ペラペラしゃべろうなどとは考えないで下さい。上手に話すことを目指すより，初めは原稿を読みながらでも構いません。正しく，誠実に伝えようとすることが大事です。もう一つは，準備に（本番の）何倍もの時間をかけるということです。「原稿を作り」「添削」をし，「先生にもチェック」を受け，「リハーサル」を複数回行う，このようなプロセスを経て，皆さんは少しずつ人前でのお話に慣れていくものといえます。

4　実習報告書の作成

1　実習報告書作成の目的

　実習報告書は現場実習に向けて作成した実習計画書と実習記録に記入した体験を基にふり返り，現場実習の成果と課題を文章化することで，学びを可視化することを目的として作成します。実習報告書の作成を通して，現場実習で得られたさまざまな知識・技術，経験を自分自身の言葉で整理し，「学び」「気づき」や「課題」を明確にすることができます。

　そして，養成校の中には実習生が作成した実習報告書を「実習報告集」として冊子化し，実習先に配布している場合もあります。そのため，実習報告書は実習先にとっては，実習後において実習生がどのように学びを深めていったかのフィードバックを受けることになり，今後の実習指導内容のさらなる向上につなげることができます。

2　実習報告書の書き方

　実習報告書のフォーマットは養成校によって異なりますが，代表的な項目を基に書き方を解説します。下記の④⑤は紙面をより割いて仕上げます。

　①　実習先の概要・特徴

　実習先の沿革，運営方針・理念，利用者定員，職員人員，地域特性や事業内容などを簡潔にまとめます。

　②　実習の目標と課題

　実習計画書で掲げた実習テーマ，課題や実習記録の中で日々立てた目標などについて簡潔にまとめます。

　③　実習内容

　主なプログラムの内容，実習指導者からの指導内容などをまとめます。

　④　実習の成果

　実習をふり返って，何を学ぶことができたかをまとめます。自分が成長する契機となった場面を取り上げ，そこから学んだ内容を記述します。

　⑤　反省・感想

　実習期間中に自分の中で不足していると感じた専門知識・技術などをまとめ，成功・失敗体験を通して今後どのようなソーシャルワーカーを目指すのかを記述します。

ワークシート10‐5

実習報告書の下書きを作成してみましょう。

① 実習先の概要・特徴

----

② 実習の目標と課題

----

③ 実習内容

----

④ 実習の成果

----

⑤ 反省・感想

注

(1) 日本社会福祉実践理論学会監修，米本秀仁・高橋信行・志村健一編著『事例研究・教育法』川島書店，2004年，27頁。

(2) 岩間伸之『援助を深める事例研究の方法 第2版』ミネルヴァ書房，2005年，61-62頁。

(3) 津田耕一・相澤譲治編著『事例研究から学ぶソーシャルワーク実践』八千代出版，2001年，7‐8頁。

~ 42 実習報告書を実習先ではどのように活用していますか ~

実習で実際に利用者や職員とコミュニケーションを取ることで，机上では学べない多くの学びを得られたと思います。実習報告書は実習生が実習で新しい気づきや学びが得られたのか等を中心に読み込み，実習指導者として次回の実習生受け入れの際に，どのようなことに取り組んでもらおうかと予定を立てるのに参考にしています。

第11章

自分をふり返る必要性を
理解しよう

1 自己覚知の大切さ

　自己覚知は，ソーシャルワークの学びにおいて重要な概念であるとされてきました。なぜならば，自己覚知は，ソーシャルワーカーとしての専門性の向上や，よりよい実践を目指すための教育・学習の中で欠かせないものであるからです。ここでは，社会福祉専門職として必要とされる自己覚知とは，どのようなものなのか，その枠組みと，意義，自己覚知を促進していくための方法について考えてみたいと思います。

1 自己覚知の概念の歴史

　自己覚知とは，英語で「セルフ・アウェアネス（Self-awareness）」といいます。直訳すると「自身への気づき」になります。1930年代頃から，主にアメリカで発展してきたケースワークの援助関係の中で出てきた課題（具体的には，面接場面での感情の転移・逆転移への対処）へのソーシャルワーカーの対応として，自己覚知が必要だとされてきました。今では，面接場面におけるソーシャルワーカーとしての自らの枠組みを知るための自己覚知だけにとどまらず，所属する施設・機関の中で何ができるのか，あるいは何をすべきかを理解する意味での自己覚知も必要だといわれています。

2 自己覚知とは

　自己覚知は，専門職としての自己を理解し，意識化する「専門職業的自己覚知」と，専門職としての自己の基盤となる個人的な自己のあり方を理解し，意識化する「個人的自己覚知」の2つに分類することができます。「専門職業的自己覚知」は，いかなる社会福祉観，援助観，支援者観，またクライエント観を持っているか，あるいはソーシャルワーカーとなった動機付けは何であるのか，自己の援助姿勢や態度に対する洞察などから構成されています。一方，「個人的自己覚知」は，生育歴やパーソナリティのあり方によって生起する葛藤，不安，攻撃性，防衛などの感情，人間関係の持ち方などを理解・洞察することによって，援助実践におけるクライエントへの関与の仕方や逆転移について意識化することができます。自己覚知を促すためには自己理解に向けて努力するだけでなく，専門職業的自己覚知に対してはスーパービジョンが，個人的自己覚知については，カウンセリングや，精神分析，エンカウンターグループなどの教育分析的手法が有効であるといわれています。

3　なぜ自己覚知は大切なのか

　これまで，ソーシャルワークの実践における支援では，クライエントとソーシャルワーカーの「支援する者，支援される者」という決められた関係性があり，その中でソーシャルワーカーとしての「自己」について考えることが大切だといわれてきました。ところが，ソーシャルワーカーの支援がより専門化し，高度化することで新たな課題が出てきました。それは，ソーシャルワーカーが社会福祉専門職としての役割を引き受けながらも，人として，生きる者としてクライエントと向き合うことで，専門職業的自己覚知と個人的自己覚知の2つが交錯し，葛藤が生まれるというものです。そこで，ソーシャルワーカーとしての立場を超えて，一人の人間としての立場で何ができるのか，何をしようとしているのかをクライエントとの対話を通して理解するとともに，クライエントと協働し，連帯していくことが重要であるという考えが生まれました。[4]

　自己覚知を深めることは，私たちソーシャルワーカーが何者であるのか，その職業的アイデンティティを考える上で大きな意味を持ちます。支援の場面では，ソーシャルワーカーが持っている感覚や意識していない考え，その時々で行っている判断など，「暗黙知」すなわち「実践知」なるものが存在します。ソーシャルワーカー自らがその実践知を自覚・認識しながら常にクライエントと向き合い，その時々で考えて実践を行っていくことを「省察的実践」といい，[5]ソーシャルワーカーがよりよい実践を行っていくために用いられる概念として注目されています。[6]

4　自己覚知へのカギ

　これまで，自己覚知の大切さ，その意義を述べてきましたが，最後に実習生としてどのように自己覚知に努めるとよいのか，その方法について述べます。

　一つは，実習指導者や実習指導教員とのスーパービジョンです。先程，ソーシャルワークの専門職としての専門性は，「実践知」であると述べました。つまり，事前学習で学ぶ知識・技術（これは「形式知」ともいわれています）だけでなく，現場で日々皆さんが体験する出来事，その時に感じたこと，交わされた会話，やりとりなどすべてが実践知につながるのです。そのことについて，まずふり返ることが重要です。そのためには，

> **43　自分をふり返ると悪い所ばかりに目が向いて落ち込んでしまいます**
>
> 　いろいろなソーシャルワーカーがいてもよいと思います。悪い所がない人なんていないと思いますし，自分で悪いと感じている部分も，他人から見ればよい所であることもあります。悪い所も含めて自分なのだと，まずは自分自身を認めてあげて下さい。ソーシャルワーカーは，困り事や悩み事を抱えるクライエントと関わる機会が多いと思います。クライエントを受け入れるためには，自分を知り認めることが大切です。

考えてみたこと，思ったことを実習指導者や実習指導教員とのスーパービジョンの中で言語化していくことが大切です。

　もう一つは，実習記録です。毎日，実習記録を書くことはとても大変なことです。でも考えてみて下さい。日々の実践を記録している実習記録は，まさに実践知の宝庫です。その実習記録を読み返したり，再度考えてみたりすることで自らの気づき（自己覚知）が促され，「実践知」として皆さんの中に蓄積されていくのです。ぜひとも，このことを忘れないで下さい。

2　自己評価の意義

　皆さんが学校を卒業して定年まで勤めるとすると，40年以上働くこととなります。必ずしも定年まで働き続けるわけではないですし，同じ職場で働き続けるということでもないのですが，長い職業人生の中で職場の一員として，社会福祉専門職としてどのような職業人生を送っていくのでしょうか。

　長い職業人生はまさに皆さんのキャリアともいえます。キャリアとは，「生涯を通じた職業人生経路」「時間軸で見た職業生活のパターン」という意味です。皆さんはソーシャルワーク実習を終えて，社会福祉専門職として働こうという気持ちが高まったでしょうか。そして，どのような社会福祉専門職になろうと考えているでしょうか。なかには，職場の経営者層として活躍したいと考えている人もいるかもしれません。このように，なりたい職員像を自己期待といいます。一方，職場から求められる職員像を他者期待といいます。自己期待と他者期待とを融合し，それぞれの職員のキャリアがイメージされるのです。つまり，キャリアは人によって異なっているのです。

　そこで，ソーシャルワーク実習でのさまざまな経験から得た学びや気づきを実習前と実習後の自身のコンピテンシーを比較しながら整理してみましょう。そして，福祉の仕事を志した動機などこれまでの自分をふり返り，これからのキャリアをイメージしてみましょう。5年後，10年後の自身をイメージし，どのような社会福祉専門職になりたいのかといったキャリアビジョンを描いてみましょう。その際には，①利用者や家族との関わりについて，②組織やチームの一員として，③地域や関係機関との関わりについて，④自身の能力開発や資格取得について，といった4項目を柱に考えましょう。

　次に，目指すべき社会福祉専門職像に向けて，何を，どのレベルまで，いつまでに，どのように取り組んでいくのかを具体的に描くアクションプランを作成してみましょう。キャリアビジョンを描き，アクションプランを作成することを含めてキャリアデザインといいます。ソーシャルワーク実習を機に自身のキャリアを考えましょう。

ワークシート11－1

　実習をふり返ってこれからのキャリアをイメージし，行動に移しましょう。

①　ソーシャルワーク実習を通して，あなたはどのような学びや気づきがあったでしょうか。整理しましょう。

----

②　就職３年後の自分自身の姿をイメージして，どのような社会福祉専門職になろうと考えているでしょうか。キャリアビジョンを描きましょう。

①利用者や家族との関わりについて

----

②組織やチームの一員として

----

③地域や関係機関との関わりについて

----

④自身の能力開発や資格取得について

----

③　②のキャリアビジョンを基に，これからの学生生活の中でできるアクションプランを具体的に作成しましょう。

①何を（例：将来進もうとしている分野の専門知識を身につける）

----

②どのレベルまで（例：将来進もうとしている分野の法制度について説明できる）

----

③いつまでに（例：４年生の卒業前までに）

----

④どのように（例：法律や解説書を読んでどのような仕組みになっているのかをノートに書き出し整理する）

> **44　自己評価と他者評価をどのように活用すればよいですか**
>
> 　自己評価と他者評価が異なる場合，気になると思います。しかし，「私の評価基準がおかしいのかな」と卑下する必要はありませんし，「あの人は私のことをわかっていない」と怒る必要もありません。大事なのは，他者がなぜそう評価したのかを知ることです。どのような点に注目したのか，どのような観点から判断したのかなどがわかると，自分と他者の評価のズレも納得できたり，ズレを埋める方法を考えられるのではないでしょうか。

3 実習生としてのあゆみ

1 自分をふり返る時に役に立つツール

　本章1・2を通して，自分自身をふり返ることの大切さを理解できたと思います。では，どのような方法でふり返りをしたらよいでしょうか。何か手がかりになるものがあると，ふり返りがしやすくなると思います。関西福祉科学大学社会福祉実習教育研究会では，社会福祉士及び精神保健福祉士の実習教育の一連の過程に焦点を合わせたコンピテンシーシートを作成しました。本節では，実習生のあゆみをふり返るためのツールとしてコンピテンシーシートを取り上げます。

2 コンピテンシーシートによるふり返り

（1）　コンピテンシーシートとは

　コンピテンシーは社会福祉等の対人サービス分野において，教育効果の測定や専門職の職業能力の指標として用いられています。関西福祉科学大学で開発したコンピテンシーシートは，社会福祉士や精神保健福祉士の実習教育において活用されています。コンピテンシーシートは何度か改変を加え，現在は166-167頁に掲載している形になっています。

　コンピテンシーシートは全部で52項目あり，大きく6つのカテゴリーに分かれています。カテゴリーには「基本的学習能力」「社会的能力」「価値」「知識」「技能」「実践的能力」があります。「基本的学習能力」は大学で学ぶ上で必要な能力，「社会的能力」は社会生活を営む上で必要な能力，「価値」は社会福祉専門職としての価値を実践で示すために必要な能力，「知識」は社会福祉専門職として身につけておくべき内容，「技能」はアセスメント，支援計画の作成などを適切に行うための能力，「実践的能力」はソーシャルワークを実践するために求められる能力を意味しています。

　これら6つのカテゴリーは，図11-1に示すモデルにしたがって構成されています。ご覧いただいてわかるように，タンポポを模したモデルです。社会福祉専門職養成において基礎的な能力が重要視されていることから，基礎的な部分として「基本的学習能力」「社会的能力」の2つのカテゴリーを設定しています。キーワードとして「耕す」を挙げています。「価値」「知識」「技能」については，「価値」を基礎に置き，その上に「知識」と「技能」が形作られ，その後自己研鑽によって発達していく様子を表現して

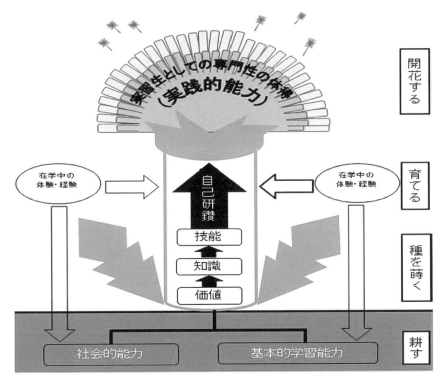

図11-1　コンピテンシー・モデルの概念イメージ図

出所：種村理太郎・小口将典・柿木志津江ほか「社会福祉士養成教育における実習科目と演習科目との連動を重視したコンピテンシー・モデル（福科大版）の検討」『関西福祉科学大学紀要』19，2016年，19頁。

います。キーワードとして専門的な力量を高めて成長していく視点から「種を蒔く」を挙げています。「実践的能力」は「価値」「知識」「技能」を「自己研鑽」して高めていくことによって体得されるものとし，3カテゴリーの質の向上を促す要因として「自己研鑽」という段階を組み込んでいます。「自己研鑽」というのは，授業のみならず，日常生活において経験する事柄も含め，実習生が在学中経験するすべての事柄によってもたらされると想定しています。これらの経験は，「基本的学習能力」「社会的能力」「価値」「知識」「技能」の各カテゴリーへの取り組みの契機にもなりうると考えられ，キーワードとして「育てる」を挙げています。さらに，基礎的な能力を基盤に専門的な価値や知識，技能を身につけて，その上で実践的な能力を発揮していく過程を想定し，「実践的能力」のカテゴリーが設定されています。「実践的能力」の項目が実施できるようになることで，在学中の学生としてのコンピテンシーの到達目標である「実習生としての専門性」が体得された状態を示しています。キーワードは「開花する」です。

　このように，コンピテンシーシートの6つのカテゴリーが独立して存在しているわけではなく，相互に関連をもちながら成長につながることが理解できるかと思います。コンピテンシーシートへの取り組みを通して，実習に向けての準備状況や学習状況を把握し，自己評価や自己改善につなげて下さい。

ワークシート11-2

　以下の社会福祉士・精神保健福祉士の実習教育におけるコンピテンシーシート52項目について，該当するものをそれぞれ○で囲み，現在のコンピテンシーをチェックしてみましょう。

　巻末資料に8回分のコンピテンシーノートがあります。

記入日：　　年　月　日

カテゴリー	No.	52項目	質問の意味がよくわからない	まったくできていない	あまりできていない	どちらともいえない	よくできている	とてもよくできている
				評 価				
基本的学習能力	1	指導を受ける前に，情報収集や基礎知識の確認などの準備ができる	1	2	3	4	5	6
	2	講義や会話などのポイントを記録できる	1	2	3	4	5	6
	3	事実と自分の意見を区別して記録できる	1	2	3	4	5	6
	4	自分の意見を整理し，言葉で表現できる	1	2	3	4	5	6
	5	社会の問題に関心をもつことができる	1	2	3	4	5	6
	6	見聞きした現状から問題を発見できる	1	2	3	4	5	6
	7	問題意識をもって学習にのぞむことができる	1	2	3	4	5	6
	8	文献や資料を収集するために図書館などを活用できる	1	2	3	4	5	6
	9	自分の関心領域を明らかにするために行動できる	1	2	3	4	5	6
	10	自分の関心や課題にそった自主的活動（アルバイト，ボランティアなど）を行うことができる	1	2	3	4	5	6
社会的能力	11	プレゼンテーションを的確にすることができる	1	2	3	4	5	6
	12	自分の行動傾向を理解できる	1	2	3	4	5	6
	13	心身ともに適切な状態を維持できる	1	2	3	4	5	6
	14	困難な状況に耐えることができる	1	2	3	4	5	6
	15	自分を変革していくために努力できる	1	2	3	4	5	6
	16	同じ失敗を繰り返さず行動できる	1	2	3	4	5	6
	17	自分が他者に与える影響を理解できる	1	2	3	4	5	6
	18	相手の状況を汲んで行動できる	1	2	3	4	5	6
	19	周囲の人と円滑な人間関係を築くことができる	1	2	3	4	5	6
	20	適切な（相手・場面・時に応じた）ふるまいができる	1	2	3	4	5	6
	21	様々な体験を自らの行動につなげることができる	1	2	3	4	5	6
	22	グループワークにおいてお互いの個性や能力を理解し，それが発揮できるような関係性を築くことができる	1	2	3	4	5	6

価値	23	「ソーシャルワーカーの倫理綱領」の重要性を説明できる	1	2	3	4	5	6
	24	支援やサービスの目的が個々の利用者によって異なることを説明できる	1	2	3	4	5	6
	25	利用者の人間性や尊厳を重視した関わりの大切さを理解することができる	1	2	3	4	5	6
	26	提供される支援が利用者の人間形成や成長，自己実現にもたらす意味を考えることができる	1	2	3	4	5	6
	27	利用者の人権尊重の具体的方法（権利擁護，苦情解決，守秘義務）を説明できる	1	2	3	4	5	6
	28	社会の中で，利用者の意思と参加が促進される環境づくりの必要性を説明できる	1	2	3	4	5	6
	29	専門職が自らの専門性を継続的に高める意識を持つ重要性を説明できる	1	2	3	4	5	6
知識	30	ソーシャルワークの専門性を説明できる	1	2	3	4	5	6
	31	他職種とその役割・業務を説明できる	1	2	3	4	5	6
	32	チームアプローチの方法を説明できる	1	2	3	4	5	6
	33	社会福祉施設・機関の役割や機能を説明できる	1	2	3	4	5	6
	34	社会福祉施設・機関におけるソーシャルワーカーの担う役割・業務を説明できる	1	2	3	4	5	6
	35	社会福祉施設・機関での実践方法（相談援助，ケアマネジメントなど）を説明できる	1	2	3	4	5	6
	36	実習でかかわる施設・機関・地域・団体などの課題を説明できる	1	2	3	4	5	6
	37	実習でかかわる制度上の課題や問題点を説明できる	1	2	3	4	5	6
	38	支援の根拠となる法律について説明できる	1	2	3	4	5	6
	39	実習でかかわる地域の特性（歴史，産業，文化，人口動態，社会資源など）を説明できる	1	2	3	4	5	6
	40	スーパービジョンの意義を説明できる	1	2	3	4	5	6
技能	41	支援の場において人の話を傾聴することができる	1	2	3	4	5	6
	42	支援の場において質問を的確にすることができる	1	2	3	4	5	6
	43	支援の場において的確に記録することができる	1	2	3	4	5	6
	44	対象者（利用者，家族，グループ，地域住民など）のアセスメントを行うことができる	1	2	3	4	5	6
	45	ニーズに基づいた支援計画を作成できる	1	2	3	4	5	6
実践的能力	46	専門職としての倫理的な行動（個人情報の取り扱い，利用者への適切な姿勢など）をとることができる	1	2	3	4	5	6
	47	自己覚知に向けて努力できる	1	2	3	4	5	6
	48	利用者を的確に観察できる	1	2	3	4	5	6
	49	個々の利用者に応じた支援を実践できる	1	2	3	4	5	6
	50	自分の実践結果を適切に自己評価できる	1	2	3	4	5	6
	51	大学で学んだソーシャルワークに関する理論を用いて実践できる	1	2	3	4	5	6
	52	地域の福祉課題に応じて社会資源の活用・提案・企画ができる	1	2	3	4	5	6

（2） コンピテンシーシートの記入方法

　52項目それぞれについて，「質問の意味がよくわからない」「まったくできていない」「あまりできていない」「どちらともいえない」「よくできている」「とてもよくできている」のいずれかに該当するものを選択していきます。自身の日頃の学生生活をふり返り，該当するものを選択してください。「よくできている」や「とてもよくできている」を選択した方がよい，「まったくできていない」や「あまりできていない」が多いといけない，ということではありません。その時その時の自身の状況について，率直に回答するようにして下さい。

（3） コンピテンシーシートを用いたふり返りの意義

　コンピテンシーシートは記入することが目的ではありません。記入後にふり返りを行うことで，自己覚知の促進や自主的な学修・取り組みにつなげることを目的としています。自分自身をしっかりとふり返り，今後の課題を考え，主体的に行動していく姿勢を身につけることは，現場実習はもちろんのこと，国家試験に向けた学修や卒業後に社会人として活躍していく上でも重要です。

　コンピテンシーシートの記入後，次頁の「目標設定シート」を用いてふり返りを行います。52項目についてどのような評価をしたのか，改めて確認する作業を通して，成長した部分を把握したり改善点・課題を見出したりすることで，今後の取り組みについて具体的に考えることができます。また，改善点・課題だけではなく，自分自身のストレングス（強み）に目を向ける機会にもなります。

　コンピテンシーシートを通して，自分の置かれている状況を定期的に確認し，行動につなげる姿勢を養う機会にして下さい。

45　自己評価は高く？　低く？　どのように評価すればよいですか

　自己評価の際に重要なのは率直であるということです。評価は高い方がよいわけではありませんし，他者を気にして見栄をはったり卑屈になったりする必要もありません。率直に自身と向き合うことで，課題だけでなく強みも見えてくると思います。本文で述べているように，継続的なふり返りによって成長や変化が確認できるということを考えると，その都度率直に評価をすることが重要であることがわかるかと思います。

ワークシート11‐3

　コンピテンシーシートに記入後，以下の目標設定シートを用いてふり返りをしましょう。巻末資料に8回分の目標設定シートがあります。

記入日：　　　年　　　月　　　日

　記入したコンピテンシーシートの各項目の評価を見ながら，以下の内容に取り組んでみましょう。

① 評価の低かった（「まったくできていない」及び「あまりできていない」）項目のうち，特に自分の課題であると考える項目を2つ記入してみましょう。

項目番号	内　　容

② 評価の高かった（「とてもよくできている」及び「よくできている」）項目のうち，特に自分の強み（ストレングス）であると考えられる項目を2つ記入してみましょう。

項目番号	内　　容

③ ①で記入した項目について，今後どのように取り組んでいけば評価が高まるかを考えてみましょう。

④ ②で記入した項目について，強み（ストレングス）をこれからどのように活かしていくのかを考えてみましょう。

3 　継続的なふり返りの意義と注意点

（1）　コンピテンシーシートの継続的活用の意義

　　コンピテンシーシートの記入は，一度行って終わりではありません。継続的に取り組むことによって見えてくる成長や変化，課題を大切にしています。そのためコンピテンシーシートの記入は，各学期のはじめと終わりに実施すると効果的です。その都度記入し，これまでの内容と比較することにより，変化や成長を把握することができます。

　　コンピテンシーシートを用いて自身のコンピテンシーを定期的にふり返る取り組みは，その時その時のコンピテンシーの現状を「点」として記録に残すとともに2年間のコンピテンシーの変化を「線」でつなぐものです。次頁からのワークシート「コンピテンシーシートの6つのカテゴリーのレーダーチャート」を使うと，視覚的に比較がしやすいかと思います。レーダーチャートは真ん中から外側に向かって数値が高くなっています。記入にあたり目安となる軸を3つ用意していますが，カテゴリーによってそれぞれの軸の数値が異なりますので，記入の際は注意して下さい。

　　このように自身のコンピテンシーを可視化することによって，客観的に自身を捉え，より自身の現状に即して今後の課題を考え，課題の改善に向けた行動につなげることが可能となります[7]。

（2）　コンピテンシーシートの継続的活用における注意点

　　継続的に取り組んでいくと，前回と比較して低下している項目もあるかもしれませんが，数値の上下に一喜一憂しないようにしましょう。なぜなら成長や変化というのは長期的な視点で把握するものだからです。また，低下している項目があるなら，なぜ低下したのか，その背景に目を向けてみてください。項目の内容を具体的に理解できるようになったのかもしれません。あるいは，学習が進み自らの評価基準が厳しくなったのかもしれません。数値の上下といった表面的な変化だけでなく，その背景を考えることで，さらに自身の状況を捉えることができます。

> ┌─ 46　定期的に自分をふり返る際のポイントについて教えて下さい ─┐
> 　　ふり返りというと，できなかったことや自分の悪い所に目がいきがちで，反省や後悔の気持ちが起こるかもしれません。しかし，ふり返りというのは，自分自身の今後の成長のために行うものです。できなかったことや悪い所を数え上げるのではなく，次はどのように改められるかを考えてみましょう。そしてもう一つ，できたことや良い所にもぜひ目を向けて下さい。それらを自覚することは，次の行動への力となります。

ワークシート11-4

　カテゴリーごとのコンピテンシーをチェックし，コンピテンシーの変化を視覚的に捉えた上で，気づきを記入してみましょう。

①　1年目の記録

　前期のはじめ，前期の終わり，後期のはじめ，後期の終わりの4回実施します。実施回ごとに色と線の種類（実線と点線）を分けて，下のレーダーチャートに記入してみましょう。1年目の変化を視覚的に捉えることができます。レーダーチャートの記入後，下段の枠の中に，1年目をふり返っての気づきを記入してみましょう。

1回目の記入日：　　　年　　　月　　　日（色と種類を記入：　　　　　　）
2回目の記入日：　　　年　　　月　　　日（色と種類を記入：　　　　　　）
3回目の記入日：　　　年　　　月　　　日（色と種類を記入：　　　　　　）
4回目の記入日：　　　年　　　月　　　日（色と種類を記入：　　　　　　）

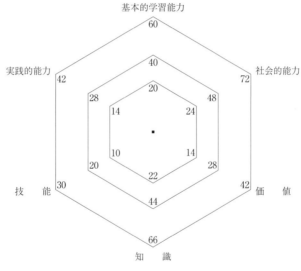

1年目をふり返っての気づき

② 2年目の記録

　前期のはじめ，前期の終わり，後期のはじめ，後期の終わりの4回実施します。実施回ごとに色と線の種類（実線と点線）を分けて，下のレーダーチャートに記入してみましょう。2年目の変化を視覚的に捉えることができます。レーダーチャートの記入後，下段の枠の中に，2年目をふり返っての気づきを記入してみましょう。

1回目の記入日：　　年　　月　　日（色と種類を記入：　　　　　　）
2回目の記入日：　　年　　月　　日（色と種類を記入：　　　　　　）
3回目の記入日：　　年　　月　　日（色と種類を記入：　　　　　　）
4回目の記入日：　　年　　月　　日（色と種類を記入：　　　　　　）

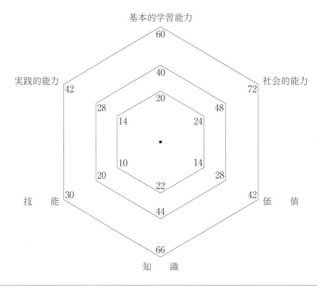

2年目をふり返っての気づき

③　最初（１年目前期のはじめ）と最後の記録（２年目後期の終わり）

　最初の回と最後の回の結果を色や線の種類（実線と点線）を分けて記入してみましょう。最初の回と最後の回に注目し，２年間の変化を視覚的に捉えることができます。

最初の回の記入日：　　　年　　　月　　　日（色や種類を記入：　　　　　　　）

最後の回の記入日：　　　年　　　月　　　日（色や種類を記入：　　　　　　　）

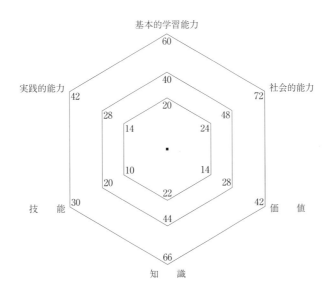

④　２年間のコンピテンシーシートをふり返って

　③のレーダーチャートに記入してみて，ここまでの成果のふり返りと今後どのような取り組みが必要だと考えますか。その理由も記入してみましょう。

注

(1) クライエントが，過去において持ち越してきた重要な人物との対人関係（の歪み）を，治療者（心理療法家）に向けて展開する感情反応のことを転移という。反対に，治療者が患者に対して抱く感情反応を，逆転移という（氏原寛・亀口憲治・成田善弘・東山紘久・山中康裕『心理臨床大辞典　改訂版』培風館，2005年）。

(2) カール・ロジャースの理論と実践に基づく，集中的グループ体験のこと。参加者がお互いに自己を開示し，そのことについて見つめ交流していくことで，人間としての対等な交流がはかられるとされている（氏原寛・亀口憲治・成田善弘・東山紘久・山中康裕，同前書）。

(3) 山辺朗子「自己覚知」橋本篤孝・古橋エツ子編集代表『介護・医療・福祉小辞典』法律文化社，2004年。

(4) 横山登志子「精神保健福祉領域の『現場』で生成するソーシャルワーカーの援助観——ソーシャルワーカーの自己規定に着目して」『社会福祉学』45(2)，2004年，24-34頁。

(5) ドナルド・A.ショーン／柳沢昌一・三輪健二監訳『省察的実践とは何か——プロフェッショナルの行為と思考』鳳書房，2007年。

(6) 渡部律子『福祉専門職のための総合的・多面的アセスメント——相互作用を深め最適な支援を導くための基礎』ミネルヴァ書房，2019年。

(7) 柿木志津江・橋本有理子・小口将典ほか「2年間にわたる実習生のコンピテンシー自己評価を踏まえた社会福祉士養成教育における課題——相談援助実習指導・相談援助演習・相談援助実習との関連に着目して」『関西福祉科学大学紀要』22，2018年。

参考文献

・第2節

福祉職員キャリアパス対応生涯研修課程テキスト編集委員会編『福祉職員キャリアパス対応生涯研修課程テキスト初任者編　改訂2版』全国社会福祉協議会，2021年。

・第3節

関西福祉科学大学社会福祉学部「コンピテンシーシートの実施にあたって実習指導の授業で学生に配布している資料」2019年。

お わ り に

「まさか，こんな時代が来るとは数年前には想像すらできなかった」と多くの人々がつぶやき続けた2020～2021年でした。

いつでも，どこででもマスクをすることが当たり前になり，人と人が直接会わなくてもPCの画面越しに会議でも研修会でもできてしまう。そのような時代を迎えています。

確かに移動しなくても自宅や自分の部屋から，リモートでことがすんでしまうのは便利であるし，多くの事柄はその方法で十分なのかもしれません。しかし，リアルな人と人とのつながりは，画面越しでは得られない一番大事なものを必要としています。すなわち，空間と時間を共有し，少々距離は離れていても，確かにその人の体温を感じられる……，そのようなつながりが必要な人々はこの時代だからこそ，おそらく，増え続けているのではないでしょうか。

私たちが目指す支援において，弱められている人が（意識するしないにかかわらず），本来，最も必要としているのは技術的なものを超えて，「心が温まる」関わりなのではないでしょうか。そして，そのことを教員である私たちは，学生たちにきちんと言語・非言語で伝えられているのだろうかという思いにかられます。

そのようなふり返りを行いながら，新たなカリキュラムに対応すべく，7年ぶりに社会福祉士及び精神保健福祉士実習のための本書を刊行しました。

少しでも学生に温もりが伝わるように文体を「ですます」調にし，学生自身によるイラストも入れました。何よりも，文字数を減らし，各単元に「ワーク（演習）」を入れたことは，学生にとってこのテキストへの愛着が深まるものになったのではないでしょうか。そして，本書のさらなる特徴は本学を巣立ち，さまざまな福祉現場の最前線において活躍されている卒業生らが，本書の作成にスタートから関わって下さったということです。

どうか，この本を手にされた人は，本書に線を引き，書き込み，付箋を貼って，自分自身の実習のためのバイブルにしてほしいと心から願います。

最後になりましたが，本書の作成にご尽力いただいたすべての方々に改めて感謝を申し上げます。そして，ミネルヴァ書房とりわけ音田潔氏には，あらゆる面でお支えいただきました。この場をお借りして深く感謝を申し上げます。

2022年3月

都村尚子

巻末資料

社会福祉士・精神保健福祉士の実習教育におけるコンピテンシーシート

1回目記入日：　　　　年　　　月　　　日

カテゴリー	No.	52項目	質問の意味がよくわからない	まったくできていない	あまりできていない	どちらともいえない	よくできている	とてもよくできている
基本的学習能力	1	指導を受ける前に，情報収集や基礎知識の確認などの準備ができる	1	2	3	4	5	6
	2	講義や会話などのポイントを記録できる	1	2	3	4	5	6
	3	事実と自分の意見を区別して記録できる	1	2	3	4	5	6
	4	自分の意見を整理し，言葉で表現できる	1	2	3	4	5	6
	5	社会の問題に関心をもつことができる	1	2	3	4	5	6
	6	見聞きした現状から問題を発見できる	1	2	3	4	5	6
	7	問題意識をもって学習にのぞむことができる	1	2	3	4	5	6
	8	文献や資料を収集するために図書館などを活用できる	1	2	3	4	5	6
	9	自分の関心領域を明らかにするために行動できる	1	2	3	4	5	6
	10	自分の関心や課題にそった自主的活動（アルバイト，ボランティアなど）を行うことができる	1	2	3	4	5	6
社会的能力	11	プレゼンテーションを的確にすることができる	1	2	3	4	5	6
	12	自分の行動傾向を理解できる	1	2	3	4	5	6
	13	心身ともに適切な状態を維持できる	1	2	3	4	5	6
	14	困難な状況に耐えることができる	1	2	3	4	5	6
	15	自分を変革していくために努力できる	1	2	3	4	5	6
	16	同じ失敗を繰り返さず行動できる	1	2	3	4	5	6
	17	自分が他者に与える影響を理解できる	1	2	3	4	5	6
	18	相手の状況を汲んで行動できる	1	2	3	4	5	6
	19	周囲の人と円滑な人間関係を築くことができる	1	2	3	4	5	6
	20	適切な（相手・場面・時に応じた）ふるまいができる	1	2	3	4	5	6
	21	様々な体験を自らの行動につなげることができる	1	2	3	4	5	6
	22	グループワークにおいてお互いの個性や能力を理解し，それが発揮できるような関係性を築くことができる	1	2	3	4	5	6
価値	23	「ソーシャルワーカーの倫理綱領」の重要性を説明できる	1	2	3	4	5	6
	24	支援やサービスの目的が個々の利用者によって異なることを説明できる	1	2	3	4	5	6
	25	利用者の人間性や尊厳を重視した関わりの大切さを理解することができる	1	2	3	4	5	6
	26	提供される支援が利用者の人間形成や成長，自己実現にもたらす意味を考えることができる	1	2	3	4	5	6
	27	利用者の人権尊重の具体的方法（権利擁護，苦情解決，守秘義務）を説明できる	1	2	3	4	5	6
	28	社会の中で，利用者の意思と参加が促進される環境づくりの必要性を説明できる	1	2	3	4	5	6
	29	専門職が自らの専門性を継続的に高める意識を持つ重要性を説明できる	1	2	3	4	5	6
知識	30	ソーシャルワークの専門性を説明できる	1	2	3	4	5	6
	31	他職種とその役割・業務を説明できる	1	2	3	4	5	6
	32	チームアプローチの方法を説明できる	1	2	3	4	5	6
	33	社会福祉施設・機関の役割や機能を説明できる	1	2	3	4	5	6
	34	社会福祉施設・機関におけるソーシャルワーカーの担う役割・業務を説明できる	1	2	3	4	5	6
	35	社会福祉施設・機関での実践方法（相談援助，ケアマネジメントなど）を説明できる	1	2	3	4	5	6
	36	実習でかかわる施設・機関・地域・団体などの課題を説明できる	1	2	3	4	5	6
	37	実習でかかわる制度上の課題や問題点を説明できる	1	2	3	4	5	6
	38	支援の根拠となる法律について説明できる	1	2	3	4	5	6
	39	実習でかかわる地域の特性（歴史，産業，文化，人口動態，社会資源など）を説明できる	1	2	3	4	5	6
	40	スーパービジョンの意義を説明できる	1	2	3	4	5	6
技能	41	支援の場において人の話を傾聴することができる	1	2	3	4	5	6
	42	支援の場において質問を的確にすることができる	1	2	3	4	5	6
	43	支援の場において的確に記録することができる	1	2	3	4	5	6
	44	対象者（利用者，家族，グループ，地域住民など）のアセスメントを行うことができる	1	2	3	4	5	6
	45	ニーズに基づいた支援計画を作成できる	1	2	3	4	5	6
実践的能力	46	専門職としての倫理的な行動（個人情報の取り扱い，利用者への適切な姿勢など）をとることができる	1	2	3	4	5	6
	47	自己覚知に向けて努力できる	1	2	3	4	5	6
	48	利用者を的確に観察できる	1	2	3	4	5	6
	49	個々の利用者に応じた支援を実践できる	1	2	3	4	5	6
	50	自分の実践結果を適切に自己評価できる	1	2	3	4	5	6
	51	大学で学んだソーシャルワークに関する理論を用いて実践できる	1	2	3	4	5	6
	52	地域の福祉課題に応じて社会資源の活用・提案・企画ができる	1	2	3	4	5	6

社会福祉士・精神保健福祉士の実習教育におけるコンピテンシーシート
2回目記入日：　　　　年　　　月　　　日

カテゴリー	No.	52項目	質問の意味がよくわからない	まったくできていない	あまりできていない	どちらともいえない	よくできている	とてもよくできている
基本的学習能力	1	指導を受ける前に，情報収集や基礎知識の確認などの準備ができる	1	2	3	4	5	6
	2	講義や会話などのポイントを記録できる	1	2	3	4	5	6
	3	事実と自分の意見を区別して記録できる	1	2	3	4	5	6
	4	自分の意見を整理し，言葉で表現できる	1	2	3	4	5	6
	5	社会の問題に関心をもつことができる	1	2	3	4	5	6
	6	見聞きした現状から問題を発見できる	1	2	3	4	5	6
	7	問題意識をもって学習にのぞむことができる	1	2	3	4	5	6
	8	文献や資料を収集するために図書館などを活用できる	1	2	3	4	5	6
	9	自分の関心領域を明らかにするために行動できる	1	2	3	4	5	6
	10	自分の関心や課題にそった自主的活動（アルバイト，ボランティアなど）を行うことができる	1	2	3	4	5	6
社会的能力	11	プレゼンテーションを的確にすることができる	1	2	3	4	5	6
	12	自分の行動傾向を理解できる	1	2	3	4	5	6
	13	心身ともに適切な状態を維持できる	1	2	3	4	5	6
	14	困難な状況に耐えることができる	1	2	3	4	5	6
	15	自分を変革していくために努力できる	1	2	3	4	5	6
	16	同じ失敗を繰り返さず行動できる	1	2	3	4	5	6
	17	自分が他者に与える影響を理解できる	1	2	3	4	5	6
	18	相手の状況を汲んで行動できる	1	2	3	4	5	6
	19	周囲の人と円滑な人間関係を築くことができる	1	2	3	4	5	6
	20	適切な（相手・場面・時に応じた）ふるまいができる	1	2	3	4	5	6
	21	様々な体験を自らの行動につなげることができる	1	2	3	4	5	6
	22	グループワークにおいてお互いの個性や能力を理解し，それが発揮できるような関係性を築くことができる	1	2	3	4	5	6
価値	23	「ソーシャルワーカーの倫理綱領」の重要性を説明できる	1	2	3	4	5	6
	24	支援やサービスの目的が個々の利用者によって異なることを説明できる	1	2	3	4	5	6
	25	利用者の人間性や尊厳を重視した関わりの大切さを理解することができる	1	2	3	4	5	6
	26	提供される支援が利用者の人間形成や成長，自己実現にもたらす意味を考えることができる	1	2	3	4	5	6
	27	利用者の人権尊重の具体的方法（権利擁護，苦情解決，守秘義務）を説明できる	1	2	3	4	5	6
	28	社会の中で，利用者の意思と参加が促進される環境づくりの必要性を説明できる	1	2	3	4	5	6
	29	専門職が自らの専門性を継続的に高める意識を持つ重要性を説明できる	1	2	3	4	5	6
知識	30	ソーシャルワークの専門性を説明できる	1	2	3	4	5	6
	31	他職種とその役割・業務を説明できる	1	2	3	4	5	6
	32	チームアプローチの方法を説明できる	1	2	3	4	5	6
	33	社会福祉施設・機関の役割や機能を説明できる	1	2	3	4	5	6
	34	社会福祉施設・機関におけるソーシャルワーカーの担う役割・業務を説明できる	1	2	3	4	5	6
	35	社会福祉施設・機関での実践方法（相談援助，ケアマネジメントなど）を説明できる	1	2	3	4	5	6
	36	実習でかかわる施設・機関・地域・団体などの課題を説明できる	1	2	3	4	5	6
	37	実習でかかわる制度上の課題や問題点を説明できる	1	2	3	4	5	6
	38	支援の根拠となる法律について説明できる	1	2	3	4	5	6
	39	実習でかかわる地域の特性（歴史，産業，文化，人口動態，社会資源など）を説明できる	1	2	3	4	5	6
	40	スーパービジョンの意義を説明できる	1	2	3	4	5	6
技能	41	支援の場において人の話を傾聴することができる	1	2	3	4	5	6
	42	支援の場において質問を的確にすることができる	1	2	3	4	5	6
	43	支援の場において的確に記録することができる	1	2	3	4	5	6
	44	対象者（利用者，家族，グループ，地域住民など）のアセスメントを行うことができる	1	2	3	4	5	6
	45	ニーズに基づいた支援計画を作成できる	1	2	3	4	5	6
実践的能力	46	専門職としての倫理的な行動（個人情報の取り扱い，利用者への適切な姿勢など）をとることができる	1	2	3	4	5	6
	47	自己覚知に向けて努力できる	1	2	3	4	5	6
	48	利用者を的確に観察できる	1	2	3	4	5	6
	49	個々の利用者に応じた支援を実践できる	1	2	3	4	5	6
	50	自分の実践結果を適切に自己評価できる	1	2	3	4	5	6
	51	大学で学んだソーシャルワークに関する理論を用いて実践できる	1	2	3	4	5	6
	52	地域の福祉課題に応じて社会資源の活用・提案・企画ができる	1	2	3	4	5	6

社会福祉士・精神保健福祉士の実習教育におけるコンピテンシーシート

3回目記入日：　　　年　　　月　　　日

カテゴリー	No.	52項目	質問の意味がよくわからない	まったくできていない	あまりできていない	どちらともいえない	よくできている	とてもよくできている
					評　価			
基本的学習能力	1	指導を受ける前に，情報収集や基礎知識の確認などの準備ができる	1	2	3	4	5	6
	2	講義や会話などのポイントを記録できる	1	2	3	4	5	6
	3	事実と自分の意見を区別して記録できる	1	2	3	4	5	6
	4	自分の意見を整理し，言葉で表現できる	1	2	3	4	5	6
	5	社会の問題に関心をもつことができる	1	2	3	4	5	6
	6	見聞きした現状から問題を発見できる	1	2	3	4	5	6
	7	問題意識をもって学習にのぞむことができる	1	2	3	4	5	6
	8	文献や資料を収集するために図書館などを活用できる	1	2	3	4	5	6
	9	自分の関心領域を明らかにするために行動できる	1	2	3	4	5	6
	10	自分の関心や課題にそった自主的活動（アルバイト，ボランティアなど）を行うことができる	1	2	3	4	5	6
社会的能力	11	プレゼンテーションを的確にすることができる	1	2	3	4	5	6
	12	自分の行動傾向を理解できる	1	2	3	4	5	6
	13	心身ともに適切な状態を維持できる	1	2	3	4	5	6
	14	困難な状況に耐えることができる	1	2	3	4	5	6
	15	自分を変革していくために努力できる	1	2	3	4	5	6
	16	同じ失敗を繰り返さず行動できる	1	2	3	4	5	6
	17	自分が他者に与える影響を理解できる	1	2	3	4	5	6
	18	相手の状況を汲んで行動できる	1	2	3	4	5	6
	19	周囲の人と円滑な人間関係を築くことができる	1	2	3	4	5	6
	20	適切な（相手・場面・時に応じた）ふるまいができる	1	2	3	4	5	6
	21	様々な体験を自らの行動につなげることができる	1	2	3	4	5	6
	22	グループワークにおいてお互いの個性や能力を理解し，それが発揮できるような関係性を築くことができる	1	2	3	4	5	6
価値	23	「ソーシャルワーカーの倫理綱領」の重要性を説明できる	1	2	3	4	5	6
	24	支援やサービスの目的が個々の利用者によって異なることを説明できる	1	2	3	4	5	6
	25	利用者の人間性や尊厳を重視した関わりの大切さを理解することができる	1	2	3	4	5	6
	26	提供される支援が利用者の人間形成や成長，自己実現にもたらす意味を考えることができる	1	2	3	4	5	6
	27	利用者の人権尊重の具体的方法（権利擁護，苦情解決，守秘義務）を説明できる	1	2	3	4	5	6
	28	社会の中で，利用者の意思と参加が促進される環境づくりの必要性を説明できる	1	2	3	4	5	6
	29	専門職が自らの専門性を継続的に高める意識を持つ重要性を説明できる	1	2	3	4	5	6
知識	30	ソーシャルワークの専門性を説明できる	1	2	3	4	5	6
	31	他職種とその役割・業務を説明できる	1	2	3	4	5	6
	32	チームアプローチの方法を説明できる	1	2	3	4	5	6
	33	社会福祉施設・機関の役割や機能を説明できる	1	2	3	4	5	6
	34	社会福祉施設・機関におけるソーシャルワーカーの担う役割・業務を説明できる	1	2	3	4	5	6
	35	社会福祉施設・機関での実践方法（相談援助，ケアマネジメントなど）を説明できる	1	2	3	4	5	6
	36	実習でかかわる施設・機関・地域・団体などの課題を説明できる	1	2	3	4	5	6
	37	実習でかかわる制度上の課題や問題点を説明できる	1	2	3	4	5	6
	38	支援の根拠となる法律について説明できる	1	2	3	4	5	6
	39	実習でかかわる地域の特性（歴史，産業，文化，人口動態，社会資源など）を説明できる	1	2	3	4	5	6
	40	スーパービジョンの意義を説明できる	1	2	3	4	5	6
技能	41	支援の場において人の話を傾聴することができる	1	2	3	4	5	6
	42	支援の場において質問を的確にすることができる	1	2	3	4	5	6
	43	支援の場において的確に記録することができる	1	2	3	4	5	6
	44	対象者（利用者，家族，グループ，地域住民など）のアセスメントを行うことができる	1	2	3	4	5	6
	45	ニーズに基づいた支援計画を作成できる	1	2	3	4	5	6
実践的能力	46	専門職としての倫理的な行動（個人情報の取り扱い，利用者への適切な姿勢など）をとることができる	1	2	3	4	5	6
	47	自己覚知に向けて努力できる	1	2	3	4	5	6
	48	利用者を的確に観察できる	1	2	3	4	5	6
	49	個々の利用者に応じた支援を実践できる	1	2	3	4	5	6
	50	自分の実践結果を適切に自己評価できる	1	2	3	4	5	6
	51	大学で学んだソーシャルワークに関する理論を用いて実践できる	1	2	3	4	5	6
	52	地域の福祉課題に応じて社会資源の活用・提案・企画ができる	1	2	3	4	5	6

社会福祉士・精神保健福祉士の実習教育におけるコンピテンシーシート
4回目記入日：　　　年　　月　　　日

カテゴリー	No.	52項目	質問の意味がよくわからない	まったくできていない	あまりできていない	どちらともいえない	よくできている	とてもよくできている
基本的学習能力	1	指導を受ける前に，情報収集や基礎知識の確認などの準備ができる	1	2	3	4	5	6
	2	講義や会話などのポイントを記録できる	1	2	3	4	5	6
	3	事実と自分の意見を区別して記録できる	1	2	3	4	5	6
	4	自分の意見を整理し，言葉で表現できる	1	2	3	4	5	6
	5	社会の問題に関心をもつことができる	1	2	3	4	5	6
	6	見聞きした現状から問題を発見できる	1	2	3	4	5	6
	7	問題意識をもって学習にのぞむことができる	1	2	3	4	5	6
	8	文献や資料を収集するために図書館などを活用できる	1	2	3	4	5	6
	9	自分の関心領域を明らかにするために行動できる	1	2	3	4	5	6
	10	自分の関心や課題にそった自主的活動（アルバイト，ボランティアなど）を行うことができる	1	2	3	4	5	6
社会的能力	11	プレゼンテーションを的確にすることができる	1	2	3	4	5	6
	12	自分の行動傾向を理解できる	1	2	3	4	5	6
	13	心身ともに適切な状態を維持できる	1	2	3	4	5	6
	14	困難な状況に耐えることができる	1	2	3	4	5	6
	15	自分を変革していくために努力できる	1	2	3	4	5	6
	16	同じ失敗を繰り返さず行動できる	1	2	3	4	5	6
	17	自分が他者に与える影響を理解できる	1	2	3	4	5	6
	18	相手の状況を汲んで行動できる	1	2	3	4	5	6
	19	周囲の人と円滑な人間関係を築くことができる	1	2	3	4	5	6
	20	適切な（相手・場面・時に応じた）ふるまいができる	1	2	3	4	5	6
	21	様々な体験を自らの行動につなげることができる	1	2	3	4	5	6
	22	グループワークにおいてお互いの個性や能力を理解し，それが発揮できるような関係性を築くことができる	1	2	3	4	5	6
価値	23	「ソーシャルワーカーの倫理綱領」の重要性を説明できる	1	2	3	4	5	6
	24	支援やサービスの目的が個々の利用者によって異なることを説明できる	1	2	3	4	5	6
	25	利用者の人間性や尊厳を重視した関わりの大切さを理解することができる	1	2	3	4	5	6
	26	提供される支援が利用者の人間形成や成長，自己実現にもたらす意味を考えることができる	1	2	3	4	5	6
	27	利用者の人権尊重の具体的方法（権利擁護，苦情解決，守秘義務）を説明できる	1	2	3	4	5	6
	28	社会の中で，利用者の意思と参加が促進される環境づくりの必要性を説明できる	1	2	3	4	5	6
	29	専門職が自らの専門性を継続的に高める意識を持つ重要性を説明できる	1	2	3	4	5	6
知識	30	ソーシャルワークの専門性を説明できる	1	2	3	4	5	6
	31	他職種とその役割・業務を説明できる	1	2	3	4	5	6
	32	チームアプローチの方法を説明できる	1	2	3	4	5	6
	33	社会福祉施設・機関の役割や機能を説明できる	1	2	3	4	5	6
	34	社会福祉施設・機関におけるソーシャルワーカーの担う役割・業務を説明できる	1	2	3	4	5	6
	35	社会福祉施設・機関での実践方法（相談援助，ケアマネジメントなど）を説明できる	1	2	3	4	5	6
	36	実習でかかわる施設・機関・地域・団体などの課題を説明できる	1	2	3	4	5	6
	37	実習でかかわる制度上の課題や問題点を説明できる	1	2	3	4	5	6
	38	支援の根拠となる法律について説明できる	1	2	3	4	5	6
	39	実習でかかわる地域の特性（歴史，産業，文化，人口動態，社会資源など）を説明できる	1	2	3	4	5	6
	40	スーパービジョンの意義を説明できる	1	2	3	4	5	6
技能	41	支援の場において人の話を傾聴することができる	1	2	3	4	5	6
	42	支援の場において質問を的確にすることができる	1	2	3	4	5	6
	43	支援の場において的確に記録することができる	1	2	3	4	5	6
	44	対象者（利用者，家族，グループ，地域住民など）のアセスメントを行うことができる	1	2	3	4	5	6
	45	ニーズに基づいた支援計画を作成できる	1	2	3	4	5	6
実践的能力	46	専門職としての倫理的な行動（個人情報の取り扱い，利用者への適切な姿勢など）をとることができる	1	2	3	4	5	6
	47	自己覚知に向けて努力できる	1	2	3	4	5	6
	48	利用者を的確に観察できる	1	2	3	4	5	6
	49	個々の利用者に応じた支援を実践できる	1	2	3	4	5	6
	50	自分の実践結果を適切に自己評価できる	1	2	3	4	5	6
	51	大学で学んだソーシャルワークに関する理論を用いて実践できる	1	2	3	4	5	6
	52	地域の福祉課題に応じて社会資源の活用・提案・企画ができる	1	2	3	4	5	6

社会福祉士・精神保健福祉士の実習教育におけるコンピテンシーシート

5回目記入日：　　　年　　　月　　　日

カテゴリー	No.	質問項目	質問の意味がよくわからない	まったくできていない	あまりできていない	どちらともいえない	よくできている	とてもよくできている
基本的学習能力	1	指導を受ける前に，情報収集や基礎知識の確認などの準備ができる	1	2	3	4	5	6
	2	講義や会話などのポイントを記録できる	1	2	3	4	5	6
	3	事実と自分の意見を区別して記録できる	1	2	3	4	5	6
	4	自分の意見を整理し，言葉で表現できる	1	2	3	4	5	6
	5	社会の問題に関心をもつことができる	1	2	3	4	5	6
	6	見聞きした現状から問題を発見できる	1	2	3	4	5	6
	7	問題意識をもって学習にのぞむことができる	1	2	3	4	5	6
	8	文献や資料を収集するために図書館などを活用できる	1	2	3	4	5	6
	9	自分の関心領域を明らかにするために行動できる	1	2	3	4	5	6
	10	自分の関心や課題にそった自主的活動（アルバイト，ボランティアなど）を行うことができる	1	2	3	4	5	6
社会的能力	11	プレゼンテーションを的確にすることができる	1	2	3	4	5	6
	12	自分の行動傾向を理解できる	1	2	3	4	5	6
	13	心身ともに適切な状態を維持できる	1	2	3	4	5	6
	14	困難な状況に耐えることができる	1	2	3	4	5	6
	15	自分を変革していくために努力できる	1	2	3	4	5	6
	16	同じ失敗を繰り返さず行動できる	1	2	3	4	5	6
	17	自分が他者に与える影響を理解できる	1	2	3	4	5	6
	18	相手の状況を汲んで行動できる	1	2	3	4	5	6
	19	周囲の人と円滑な人間関係を築くことができる	1	2	3	4	5	6
	20	適切な（相手・場面・時に応じた）ふるまいができる	1	2	3	4	5	6
	21	様々な体験を自らの行動につなげることができる	1	2	3	4	5	6
	22	グループワークにおいてお互いの個性や能力を理解し，それが発揮できるような関係性を築くことができる	1	2	3	4	5	6
価値	23	「ソーシャルワーカーの倫理綱領」の重要性を説明できる	1	2	3	4	5	6
	24	支援やサービスの目的が個々の利用者によって異なることを説明できる	1	2	3	4	5	6
	25	利用者の人間性や尊厳を重視した関わりの大切さを理解することができる	1	2	3	4	5	6
	26	提供される支援が利用者の人間形成や成長，自己実現にもたらす意味を考えることができる	1	2	3	4	5	6
	27	利用者の人権尊重の具体的方法（権利擁護，苦情解決，守秘義務）を説明できる	1	2	3	4	5	6
	28	社会の中で，利用者の意思と参加が促進される環境づくりの必要性を説明できる	1	2	3	4	5	6
	29	専門職が自らの専門性を継続的に高める意識を持つ重要性を説明できる	1	2	3	4	5	6
知識	30	ソーシャルワークの専門性を説明できる	1	2	3	4	5	6
	31	他職種とその役割・業務を説明できる	1	2	3	4	5	6
	32	チームアプローチの方法を説明できる	1	2	3	4	5	6
	33	社会福祉施設・機関の役割や機能を説明できる	1	2	3	4	5	6
	34	社会福祉施設・機関におけるソーシャルワーカーの担う役割・業務を説明できる	1	2	3	4	5	6
	35	社会福祉施設・機関での実践方法（相談援助，ケアマネジメントなど）を説明できる	1	2	3	4	5	6
	36	実習でかかわる施設・機関・地域・団体などの課題を説明できる	1	2	3	4	5	6
	37	実習でかかわる制度上の課題や問題点を説明できる	1	2	3	4	5	6
	38	支援の根拠となる法律について説明できる	1	2	3	4	5	6
	39	実習でかかわる地域の特性（歴史，産業，文化，人口動態，社会資源など）を説明できる	1	2	3	4	5	6
	40	スーパービジョンの意義を説明できる	1	2	3	4	5	6
技能	41	支援の場において人の話を傾聴することができる	1	2	3	4	5	6
	42	支援の場において質問を的確にすることができる	1	2	3	4	5	6
	43	支援の場において的確に記録することができる	1	2	3	4	5	6
	44	対象者（利用者，家族，グループ，地域住民など）のアセスメントを行うことができる	1	2	3	4	5	6
	45	ニーズに基づいた支援計画を作成できる	1	2	3	4	5	6
実践的能力	46	専門職としての倫理的な行動（個人情報の取り扱い，利用者への適切な姿勢など）をとることができる	1	2	3	4	5	6
	47	自己覚知に向けて努力できる	1	2	3	4	5	6
	48	利用者を的確に観察できる	1	2	3	4	5	6
	49	個々の利用者に応じた支援を実践できる	1	2	3	4	5	6
	50	自分の実践結果を適切に自己評価できる	1	2	3	4	5	6
	51	大学で学んだソーシャルワークに関する理論を用いて実践できる	1	2	3	4	5	6
	52	地域の福祉課題に応じて社会資源の活用・提案・企画ができる	1	2	3	4	5	6

社会福祉士・精神保健福祉士の実習教育におけるコンピテンシーシート

6回目記入日：　　　　年　　　月　　　　日

カテゴリー	No.	52項目	質問の意味がよくわからない	まったくできていない	あまりできていない	どちらともいえない	よくできている	とてもよくできている
基本的学習能力	1	指導を受ける前に，情報収集や基礎知識の確認などの準備ができる	1	2	3	4	5	6
	2	講義や会話などのポイントを記録できる	1	2	3	4	5	6
	3	事実と自分の意見を区別して記録できる	1	2	3	4	5	6
	4	自分の意見を整理し，言葉で表現できる	1	2	3	4	5	6
	5	社会の問題に関心をもつことができる	1	2	3	4	5	6
	6	見聞きした現状から問題を発見できる	1	2	3	4	5	6
	7	問題意識をもって学習にのぞむことができる	1	2	3	4	5	6
	8	文献や資料を収集するために図書館などを活用できる	1	2	3	4	5	6
	9	自分の関心領域を明らかにするために行動できる	1	2	3	4	5	6
	10	自分の関心や課題にそった自主的活動（アルバイト，ボランティアなど）を行うことができる	1	2	3	4	5	6
社会的能力	11	プレゼンテーションを的確にすることができる	1	2	3	4	5	6
	12	自分の行動傾向を理解できる	1	2	3	4	5	6
	13	心身ともに適切な状態を維持できる	1	2	3	4	5	6
	14	困難な状況に耐えることができる	1	2	3	4	5	6
	15	自分を変革していくために努力できる	1	2	3	4	5	6
	16	同じ失敗を繰り返さず行動できる	1	2	3	4	5	6
	17	自分が他者に与える影響を理解できる	1	2	3	4	5	6
	18	相手の状況を汲んで行動できる	1	2	3	4	5	6
	19	周囲の人と円滑な人間関係を築くことができる	1	2	3	4	5	6
	20	適切な（相手・場面・時に応じた）ふるまいができる	1	2	3	4	5	6
	21	様々な体験を自らの行動につなげることができる	1	2	3	4	5	6
	22	グループワークにおいてお互いの個性や能力を理解し，それが発揮できるような関係性を築くことができる	1	2	3	4	5	6
価値	23	「ソーシャルワーカーの倫理綱領」の重要性を説明できる	1	2	3	4	5	6
	24	支援やサービスの目的が個々の利用者によって異なることを説明できる	1	2	3	4	5	6
	25	利用者の人間性や尊厳を重視した関わりの大切さを理解することができる	1	2	3	4	5	6
	26	提供される支援が利用者の人間形成や成長，自己実現にもたらす意味を考えることができる	1	2	3	4	5	6
	27	利用者の人権尊重の具体的方法（権利擁護，苦情解決，守秘義務）を説明できる	1	2	3	4	5	6
	28	社会の中で，利用者の意思と参加が促進される環境づくりの必要性を説明できる	1	2	3	4	5	6
	29	専門職が自らの専門性を継続的に高める意識を持つ重要性を説明できる	1	2	3	4	5	6
知識	30	ソーシャルワークの専門性を説明できる	1	2	3	4	5	6
	31	他職種とその役割・業務を説明できる	1	2	3	4	5	6
	32	チームアプローチの方法を説明できる	1	2	3	4	5	6
	33	社会福祉施設・機関の役割や機能を説明できる	1	2	3	4	5	6
	34	社会福祉施設・機関におけるソーシャルワーカーの担う役割・業務を説明できる	1	2	3	4	5	6
	35	社会福祉施設・機関での実践方法（相談援助，ケアマネジメントなど）を説明できる	1	2	3	4	5	6
	36	実習でかかわる施設・機関・地域・団体などの課題を説明できる	1	2	3	4	5	6
	37	実習でかかわる制度上の課題や問題点を説明できる	1	2	3	4	5	6
	38	支援の根拠となる法律について説明できる	1	2	3	4	5	6
	39	実習でかかわる地域の特性（歴史，産業，文化，人口動態，社会資源など）を説明できる	1	2	3	4	5	6
	40	スーパービジョンの意義を説明できる	1	2	3	4	5	6
技能	41	支援の場において人の話を傾聴することができる	1	2	3	4	5	6
	42	支援の場において質問を的確にすることができる	1	2	3	4	5	6
	43	支援の場において的確に記録することができる	1	2	3	4	5	6
	44	対象者（利用者，家族，グループ，地域住民など）のアセスメントを行うことができる	1	2	3	4	5	6
	45	ニーズに基づいた支援計画を作成できる	1	2	3	4	5	6
実践的能力	46	専門職としての倫理的な行動（個人情報の取り扱い，利用者への適切な姿勢など）をとることができる	1	2	3	4	5	6
	47	自己覚知に向けて努力できる	1	2	3	4	5	6
	48	利用者を的確に観察できる	1	2	3	4	5	6
	49	個々の利用者に応じた支援を実践できる	1	2	3	4	5	6
	50	自分の実践結果を適切に自己評価できる	1	2	3	4	5	6
	51	大学で学んだソーシャルワークに関する理論を用いて実践できる	1	2	3	4	5	6
	52	地域の福祉課題に応じて社会資源の活用・提案・企画ができる	1	2	3	4	5	6

社会福祉士・精神保健福祉士の実習教育におけるコンピテンシーシート

7回目記入日：　　　年　　　月　　　日

カテゴリー	No.	質問項目	質問の意味がよくわからない	まったくできていない	あまりできていない	どちらともいえない	よくできている	とてもよくできている
基本的学習能力	1	指導を受ける前に，情報収集や基礎知識の確認などの準備ができる	1	2	3	4	5	6
	2	講義や会話などのポイントを記録できる	1	2	3	4	5	6
	3	事実と自分の意見を区別して記録できる	1	2	3	4	5	6
	4	自分の意見を整理し，言葉で表現できる	1	2	3	4	5	6
	5	社会の問題に関心をもつことができる	1	2	3	4	5	6
	6	見聞きした現状から問題を発見できる	1	2	3	4	5	6
	7	問題意識をもって学習にのぞむことができる	1	2	3	4	5	6
	8	文献や資料を収集するために図書館などを活用できる	1	2	3	4	5	6
	9	自分の関心領域を明らかにするために行動できる	1	2	3	4	5	6
	10	自分の関心や課題にそった自主的活動（アルバイト，ボランティアなど）を行うことができる	1	2	3	4	5	6
社会的能力	11	プレゼンテーションを的確にすることができる	1	2	3	4	5	6
	12	自分の行動傾向を理解できる	1	2	3	4	5	6
	13	心身ともに適切な状態を維持できる	1	2	3	4	5	6
	14	困難な状況に耐えることができる	1	2	3	4	5	6
	15	自分を変革していくために努力できる	1	2	3	4	5	6
	16	同じ失敗を繰り返さず行動できる	1	2	3	4	5	6
	17	自分が他者に与える影響を理解できる	1	2	3	4	5	6
	18	相手の状況を汲んで行動できる	1	2	3	4	5	6
	19	周囲の人と円滑な人間関係を築くことができる	1	2	3	4	5	6
	20	適切な（相手・場面・時に応じた）ふるまいができる	1	2	3	4	5	6
	21	様々な体験を自らの行動につなげることができる	1	2	3	4	5	6
	22	グループワークにおいてお互いの個性や能力を理解し，それが発揮できるような関係性を築くことができる	1	2	3	4	5	6
価値	23	「ソーシャルワーカーの倫理綱領」の重要性を説明できる	1	2	3	4	5	6
	24	支援やサービスの目的が個々の利用者によって異なることを説明できる	1	2	3	4	5	6
	25	利用者の人間性や尊厳を重視した関わりの大切さを理解することができる	1	2	3	4	5	6
	26	提供される支援が利用者の人間形成や成長，自己実現にもたらす意味を考えることができる	1	2	3	4	5	6
	27	利用者の人権尊重の具体的方法（権利擁護，苦情解決，守秘義務）を説明できる	1	2	3	4	5	6
	28	社会の中で，利用者の意思と参加が促進される環境づくりの必要性を説明できる	1	2	3	4	5	6
	29	専門職が自らの専門性を継続的に高める意識を持つ重要性を説明できる	1	2	3	4	5	6
知識	30	ソーシャルワークの専門性を説明できる	1	2	3	4	5	6
	31	他職種とその役割・業務を説明できる	1	2	3	4	5	6
	32	チームアプローチの方法を説明できる	1	2	3	4	5	6
	33	社会福祉施設・機関の役割や機能を説明できる	1	2	3	4	5	6
	34	社会福祉施設・機関におけるソーシャルワーカーの担う役割・業務を説明できる	1	2	3	4	5	6
	35	社会福祉施設・機関での実践方法（相談援助，ケアマネジメントなど）を説明できる	1	2	3	4	5	6
	36	実習でかかわる施設・機関・地域・団体などの課題を説明できる	1	2	3	4	5	6
	37	実習でかかわる制度上の課題や問題点を説明できる	1	2	3	4	5	6
	38	支援の根拠となる法律について説明できる	1	2	3	4	5	6
	39	実習でかかわる地域の特性（歴史，産業，文化，人口動態，社会資源など）を説明できる	1	2	3	4	5	6
	40	スーパービジョンの意義を説明できる	1	2	3	4	5	6
技能	41	支援の場において人の話を傾聴することができる	1	2	3	4	5	6
	42	支援の場において質問を的確にすることができる	1	2	3	4	5	6
	43	支援の場において的確に記録することができる	1	2	3	4	5	6
	44	対象者（利用者，家族，グループ，地域住民など）のアセスメントを行うことができる	1	2	3	4	5	6
	45	ニーズに基づいた支援計画を作成できる	1	2	3	4	5	6
実践的能力	46	専門職としての倫理的な行動（個人情報の取り扱い，利用者への適切な姿勢など）をとることができる	1	2	3	4	5	6
	47	自己覚知に向けて努力できる	1	2	3	4	5	6
	48	利用者を的確に観察できる	1	2	3	4	5	6
	49	個々の利用者に応じた支援を実践できる	1	2	3	4	5	6
	50	自分の実践結果を適切に自己評価できる	1	2	3	4	5	6
	51	大学で学んだソーシャルワークに関する理論を用いて実践できる	1	2	3	4	5	6
	52	地域の福祉課題に応じて社会資源の活用・提案・企画ができる	1	2	3	4	5	6

社会福祉士・精神保健福祉士の実習教育におけるコンピテンシーシート
8回目記入日：　　　年　　　月　　　日

カテゴリー	No.	52項目	質問の意味がよくわからない	まったくできていない	あまりできていない	どちらともいえない	よくできている	とてもよくできている
基本的学習能力	1	指導を受ける前に，情報収集や基礎知識の確認などの準備ができる	1	2	3	4	5	6
	2	講義や会話などのポイントを記録できる	1	2	3	4	5	6
	3	事実と自分の意見を区別して記録できる	1	2	3	4	5	6
	4	自分の意見を整理し，言葉で表現できる	1	2	3	4	5	6
	5	社会の問題に関心をもつことができる	1	2	3	4	5	6
	6	見聞きした現状から問題を発見できる	1	2	3	4	5	6
	7	問題意識をもって学習にのぞむことができる	1	2	3	4	5	6
	8	文献や資料を収集するために図書館などを活用できる	1	2	3	4	5	6
	9	自分の関心領域を明らかにするために行動できる	1	2	3	4	5	6
	10	自分の関心や課題にそった自主的活動（アルバイト，ボランティアなど）を行うことができる	1	2	3	4	5	6
社会的能力	11	プレゼンテーションを的確にすることができる	1	2	3	4	5	6
	12	自分の行動傾向を理解できる	1	2	3	4	5	6
	13	心身ともに適切な状態を維持できる	1	2	3	4	5	6
	14	困難な状況に耐えることができる	1	2	3	4	5	6
	15	自分を変革していくために努力できる	1	2	3	4	5	6
	16	同じ失敗を繰り返さず行動できる	1	2	3	4	5	6
	17	自分が他者に与える影響を理解できる	1	2	3	4	5	6
	18	相手の状況を汲んで行動できる	1	2	3	4	5	6
	19	周囲の人と円滑な人間関係を築くことができる	1	2	3	4	5	6
	20	適切な（相手・場面・時に応じた）ふるまいができる	1	2	3	4	5	6
	21	様々な体験を自らの行動につなげることができる	1	2	3	4	5	6
	22	グループワークにおいてお互いの個性や能力を理解し，それが発揮できるような関係性を築くことができる	1	2	3	4	5	6
価値	23	「ソーシャルワーカーの倫理綱領」の重要性を説明できる	1	2	3	4	5	6
	24	支援やサービスの目的が個々の利用者によって異なることを説明できる	1	2	3	4	5	6
	25	利用者の人間性や尊厳を重視した関わりの大切さを理解することができる	1	2	3	4	5	6
	26	提供される支援が利用者の人間形成や成長，自己実現にもたらす意味を考えることができる	1	2	3	4	5	6
	27	利用者の人権尊重の具体的方法（権利擁護，苦情解決，守秘義務）を説明できる	1	2	3	4	5	6
	28	社会の中で，利用者の意思と参加が促進される環境づくりの必要性を説明できる	1	2	3	4	5	6
	29	専門職が自らの専門性を継続的に高める意識を持つ重要性を説明できる	1	2	3	4	5	6
知識	30	ソーシャルワークの専門性を説明できる	1	2	3	4	5	6
	31	他職種とその役割・業務を説明できる	1	2	3	4	5	6
	32	チームアプローチの方法を説明できる	1	2	3	4	5	6
	33	社会福祉施設・機関の役割や機能を説明できる	1	2	3	4	5	6
	34	社会福祉施設・機関におけるソーシャルワーカーの担う役割・業務を説明できる	1	2	3	4	5	6
	35	社会福祉施設・機関での実践方法（相談援助，ケアマネジメントなど）を説明できる	1	2	3	4	5	6
	36	実習でかかわる施設・機関・地域・団体などの課題を説明できる	1	2	3	4	5	6
	37	実習でかかわる制度上の課題や問題点を説明できる	1	2	3	4	5	6
	38	支援の根拠となる法律について説明できる	1	2	3	4	5	6
	39	実習でかかわる地域の特性（歴史，産業，文化，人口動態，社会資源など）を説明できる	1	2	3	4	5	6
	40	スーパービジョンの意義を説明できる	1	2	3	4	5	6
技能	41	支援の場において人の話を傾聴することができる	1	2	3	4	5	6
	42	支援の場において質問を的確にすることができる	1	2	3	4	5	6
	43	支援の場において的確に記録することができる	1	2	3	4	5	6
	44	対象者（利用者，家族，グループ，地域住民など）のアセスメントを行うことができる	1	2	3	4	5	6
	45	ニーズに基づいた支援計画を作成できる	1	2	3	4	5	6
実践的能力	46	専門職としての倫理的な行動（個人情報の取り扱い，利用者への適切な姿勢など）をとることができる	1	2	3	4	5	6
	47	自己覚知に向けて努力できる	1	2	3	4	5	6
	48	利用者を的確に観察できる	1	2	3	4	5	6
	49	個々の利用者に応じた支援を実践できる	1	2	3	4	5	6
	50	自分の実践結果を適切に自己評価できる	1	2	3	4	5	6
	51	大学で学んだソーシャルワークに関する理論を用いて実践できる	1	2	3	4	5	6
	52	地域の福祉課題に応じて社会資源の活用・提案・企画ができる	1	2	3	4	5	6

コンピテンシーシートの記入後に用いるふり返り用の目標設定シート

1回目記入日：　　　年　　　月　　　日

① 評価の低かった（「まったくできていない」及び「あまりできていない」）項目のうち，特に自分の課題であると考える項目を2つ記入してみましょう。

項目番号	内　　容

② 評価の高かった（「とてもよくできている」及び「よくできている」）項目のうち，特に自分の強み（ストレングス）であると考えられる項目を2つ記入してみましょう。

項目番号	内　　容

③ ①で記入した項目について，今後どのように取り組んでいけば評価が高まるか，考えてみましょう。

④ ②で記入した項目について，強み（ストレングス）をこれからどのように活かしていくのか，考えてみましょう。

2回目記入日：　　　年　　　月　　　日

① 評価の低かった（「まったくできていない」及び「あまりできていない」）項目のうち，特に自分の課題であると考える項目を2つ記入してみましょう。

項目番号	内　　容

② 評価の高かった（「とてもよくできている」及び「よくできている」）項目のうち，特に自分の強み（ストレングス）であると考えられる項目を2つ記入してみましょう。

項目番号	内　　容

③ ①で記入した項目について，今後どのように取り組んでいけば評価が高まるか，考えてみましょう。

④ ②で記入した項目について，強み（ストレングス）をこれからどのように活かしていくのか，考えてみましょう。

コンピテンシーシートの記入後に用いるふり返り用の目標設定シート

3回目記入日：　　　年　　　月　　　日

① 評価の低かった（「まったくできていない」及び「あまりできていない」）項目のうち，特に自分の課題であると考える項目を2つ記入してみましょう。

項目番号	内　容

② 評価の高かった（「とてもよくできている」及び「よくできている」）項目のうち，特に自分の強み（ストレングス）であると考えられる項目を2つ記入してみましょう。

項目番号	内　容

③ ①で記入した項目について，今後どのように取り組んでいけば評価が高まるか，考えてみましょう。

④ ②で記入した項目について，強み（ストレングス）をこれからどのように活かしていくのか，考えてみましょう。

4回目記入日：　　　年　　　月　　　日

① 評価の低かった（「まったくできていない」及び「あまりできていない」）項目のうち，特に自分の課題であると考える項目を2つ記入してみましょう。

項目番号	内　容

② 評価の高かった（「とてもよくできている」及び「よくできている」）項目のうち，特に自分の強み（ストレングス）であると考えられる項目を2つ記入してみましょう。

項目番号	内　容

③ ①で記入した項目について，今後どのように取り組んでいけば評価が高まるか，考えてみましょう。

④ ②で記入した項目について，強み（ストレングス）をこれからどのように活かしていくのか，考えてみましょう。

コンピテンシーシートの記入後に用いるふり返り用の目標設定シート

5回目記入日：　　　年　　　月　　　日

①　評価の低かった（「まったくできていない」及び「あまりできていない」）項目のうち，特に自分の課題であると考える項目を2つ記入してみましょう。

項目番号	内　　容

②　評価の高かった（「とてもよくできている」及び「よくできている」）項目のうち，特に自分の強み（ストレングス）であると考えられる項目を2つ記入してみましょう。

項目番号	内　　容

③　①で記入した項目について，今後どのように取り組んでいけば評価が高まるか，考えてみましょう。

④　②で記入した項目について，強み（ストレングス）をこれからどのように活かしていくのか，考えてみましょう。

6回目記入日：　　　年　　　月　　　日

①　評価の低かった（「まったくできていない」及び「あまりできていない」）項目のうち，特に自分の課題であると考える項目を2つ記入してみましょう。

項目番号	内　　容

②　評価の高かった（「とてもよくできている」及び「よくできている」）項目のうち，特に自分の強み（ストレングス）であると考えられる項目を2つ記入してみましょう。

項目番号	内　　容

③　①で記入した項目について，今後どのように取り組んでいけば評価が高まるか，考えてみましょう。

④　②で記入した項目について，強み（ストレングス）をこれからどのように活かしていくのか，考えてみましょう。

コンピテンシーシートの記入後に用いるふり返り用の目標設定シート

7回目記入日：　　　年　　月　　日

① 評価の低かった（「まったくできていない」及び「あまりできていない」）項目のうち，特に自分の課題であると考える項目を2つ記入してみましょう。

項目番号	内　　容

② 評価の高かった（「とてもよくできている」及び「よくできている」）項目のうち，特に自分の強み（ストレングス）であると考えられる項目を2つ記入してみましょう。

項目番号	内　　容

③ ①で記入した項目について，今後どのように取り組んでいけば評価が高まるか，考えてみましょう。

④ ②で記入した項目について，強み（ストレングス）をこれからどのように活かしていくのか，考えてみましょう。

8回目記入日：　　　年　　月　　日

① 評価の低かった（「まったくできていない」及び「あまりできていない」）項目のうち，特に自分の課題であると考える項目を2つ記入してみましょう。

項目番号	内　　容

② 評価の高かった（「とてもよくできている」及び「よくできている」）項目のうち，特に自分の強み（ストレングス）であると考えられる項目を2つ記入してみましょう。

項目番号	内　　容

③ ①で記入した項目について，今後どのように取り組んでいけば評価が高まるか，考えてみましょう。

④ ②で記入した項目について，強み（ストレングス）をこれからどのように活かしていくのか，考えてみましょう。

ソーシャルワーク実習Ⅰ　実習計画書

○○○○大学　○○○○学部　○○○○学科　　　年			
学 生 番 号		ふりがな 氏名	
実習先名称			
実 習 期 間	年　　月　　日〜　　年　　月　　日		

1．実習のテーマ

2．私にとってのソーシャルワーク実習の意義

3．実習先分野における基本的な理解

4．ソーシャルワーク演習における気づき

5．ソーシャルワーク実習Ⅰの具体的達成課題

ソーシャルワーク実習Ⅱ　実習計画書

○○○○大学　○○○○学部　○○○○学科　　　年		
学 生 番 号		氏名 (ふりがな)
実習先名称		
実 習 期 間	年　　　月　　　日～　　　　年　　　月　　　日	

1．実習のテーマ

2．私にとってのソーシャルワーク実習の意義

3．ソーシャルワーク実習Ⅰでの学びと到達点

ソーシャルワーク実習Ⅰの種別：

4．ソーシャルワーク実習Ⅱの具体的達成課題

5．事前学習の内容

実 習 記 録

実習生　学生番号＿＿＿＿＿＿＿＿＿　_{ふりがな}氏 名＿＿＿＿＿＿＿＿＿＿

年　　　　月　　　　日　　　　曜日	
今日の目標	

時間	実　習　内　容	
	主な取り組み	具体的内容（実習生の動き・気づき等）
実実習時間 時間		※毎日実習指導者に提出すること

実習場面を踏まえた考察

1．実習場面について（見聞きしたこと，自分の言ったこと・行ったこと）　＊5W1Hに沿って書く

2．実習場面を通して（学んだこと・考えたこと）

3．自分自身について（できたこと・できなかったこと）

4．今後の課題

実 習 指 導 者 の 助 言
実習指導者名　　　　　印

実習場面をふまえた考察（気づいたこと，学んだこと，疑問に思ったこと，残された課題など）

実 習 指 導 者 の 助 言
実習指導者名　　　　印

ジェノグラム・エコマップ作成シート　　　作成日：　　　年　　月　　日

実習先名称		実習生氏名	
クライエント氏名			

□	男	関係が強い　──────
○	女	普通の関係　──────
✕	死亡	関係が弱い　‥‥‥‥‥
数字	年齢	対立・緊張関係　+++++
		働きかけの方向　───▶

所見

ICF 分析シート

作成日：　　　年　　　月　　　日

実習先名称		実習生氏名	
クライエント氏名			

```
                        健康状態

  心身機能・身体構造        活動（活動制限）        参加（参加制約）
  （機能障害）
    ＋      障害           ＋      制限           ＋      制約


            環境因子                    個人因子
          促進                        促進
          阻害                        阻害
```

生活全体を通しての将来予測・改善の見通し

出所：障害者福祉研究会『ICF 国際生活機能分類——国際障害分類改定版』中央法規出版、2002 年を基に筆者作成。

196

リフレーミング表

作成日：　　　年　　月　　日

実習先名称		実習生氏名	
クライエント氏名			

本人の強い部分・周りからの支援・環境面での強み・その他

	リフレーミング前	リフレーミング後
本人の強い部分		
周りからの支援・環境面での強み		
その他（気づき）		

支援のアイデア

課題の整理表　　　　　　　　　　　　　　　　　　　　作成日：　　年　　月　　日

実習先名称	
クライエント氏名	実習生氏名

No.	クライエントの意向 抱えている問題・困難さ	ソーシャルワーカーの評価 (なぜそのニーズ・問題・困難さが発生しているのか？)	解決への手がかり どうしたら解決できるか (方策・促進因子)

支援計画

作成日：　　　　年　　月　　日

実習先名称	
クライエント氏名	実習生氏名

総合的な支援の方針	
長期目標	
短期目標	

No.	クライエントのニーズ	支援目標	具体的な支援の方法	期間	社会資源 （フォーマル・インフォーマル）	備考

地域支援活動シート

実習先名称	
	実習生氏名

Step1　地域に関する情報から、この地域の特性を整理する

○地域の基本情報から

○地域の社会資源の情報から
・物的な資源（例：社会福祉施設や医療機関など）について

・地域での福祉活動の取り組みについて
（地域の活動拠点の有無）

（実際の活動の現状）

・地域内での付き合いなどの関係性について

Step2　地域の特性から、地域の強みを整理する

○地域の基本情報から

○地域の社会資源の情報から

Step3　地域に関する情報から、地域課題を整理する
（個別支援活動を通して明らかとなった課題）

（地域での取り組みの現状から明らかとなった課題）

Step4　今後、地域の将来像についての意向を整理する
（当事者の立場から）

（地域住民の立場から）

（専門職の立場から）

200

地域支援活動シート

作成日： 年 月 日

実習先名称	
実習生氏名	

Step5 対象とする地域課題を選ぶ（Step3より選択）

課題名

（選んだ理由）

Step6 Step5で設定した課題を解決するために、取り組みを始める前に、準備が必要なことを挙げていく（Step8の項目を参考にしてもよい）

（課題解決に必要なこと）

（課題解決に必要なこと）

（課題解決に必要なこと）

Step7 地域課題への具体的な目標を設定する（Step5と対応）
＊Step2・4の内容も反映させること

（目標）

Step8 地域課題への具体的な活動計画を立案する

目標：

活動名：

活動者： 活動期間：

具体的内容（対象者も含めて）

活動場所

活動に必要な準備物

地域への周知方法

予算

見込まれる成果

取り組むにあたっての留意事項

備考・特記事項

ソーシャルワーカーの倫理綱領

前　文

　われわれソーシャルワーカーは，すべての人が人間としての尊厳を有し，価値ある存在であり，平等であることを深く認識する。われわれは平和を擁護し，社会正義，人権，集団的責任，多様性尊重および全人的存在の原理に則り，人々がつながりを実感できる社会への変革と社会的包摂の実現をめざす専門職であり，多様な人々や組織と協働することを言明する。

　われわれは，社会システムおよび自然的・地理的環境と人々の生活が相互に関連していることに着目する。社会変動が環境破壊および人間疎外をもたらしている状況にあって，この専門職が社会にとって不可欠であることを自覚するとともに，ソーシャルワーカーの職責についての一般社会および市民の理解を深め，その啓発に努める。

　われわれは，われわれの加盟する国際ソーシャルワーカー連盟と国際ソーシャルワーク教育学校連盟が採択した，次の「ソーシャルワーク専門職のグローバル定義」（2014年7月）を，ソーシャルワーク実践の基盤となるものとして認識し，その実践の拠り所とする。

ソーシャルワーク専門職のグローバル定義

　ソーシャルワークは，社会変革と社会開発，社会的結束，および人々のエンパワメントと解放を促進する，実践に基づいた専門職であり学問である。社会正義，人権，集団的責任，および多様性尊重の諸原理は，ソーシャルワークの中核をなす。ソーシャルワークの理論，社会科学，人文学，および地域・民族固有の知を基盤として，ソーシャルワークは，生活課題に取り組みウェルビーイングを高めるよう，人々やさまざまな構造に働きかける。

　この定義は，各国および世界の各地域で展開してもよい。(IFSW; 2014.7) ※注1

　われわれは，ソーシャルワークの知識，技術の専門性と倫理性の維持，向上が専門職の責務であることを認識し，本綱領を制定してこれを遵守することを誓約する。

原　理

Ⅰ（人間の尊厳）　ソーシャルワーカーは，すべての人々を，出自，人種，民族，国籍，性別，性自認，性的指向，年齢，身体的精神的状況，宗教的文化的背景，社会的地位，経済状況などの違いにかかわらず，かけがえのない存在として尊重する。

Ⅱ（人権）　ソーシャルワーカーは，すべての人々を生まれながらにして侵すことのできない権利を有する存在であることを認識し，いかなる理由によってもその権利の抑圧・侵害・略奪を容認しない。

Ⅲ（社会正義）　ソーシャルワーカーは，差別，貧困，抑圧，排除，無関心，暴力，環境破壊などの無い，自由，平等，共生に基づく社会正義の実現をめざす。

Ⅳ（集団的責任）　ソーシャルワーカーは，集団の有する力と責任を認識し，人と環境の双方に働きかけて，互恵的な社会の実現に貢献する。

Ⅴ（多様性の尊重）　ソーシャルワーカーは，個人，家族，集団，地域社会に存在する多様性を認識し，それらを尊重する社会の実現をめざす。

Ⅵ（全人的存在）　ソーシャルワーカーは，すべての人々を生物的，心理的，社会的，文化的，スピリチュアルな側面からなる全人的な存在として認識する。

倫理基準

Ⅰ　クライエントに対する倫理責任

1．（クライエントとの関係）　ソーシャルワーカーは，クライエントとの専門的援助関係を最も大切にし，それを自己の利益のために利用しない。

2．（クライエントの利益の最優先）　ソーシャルワーカーは，業務の遂行に際して，クライエントの利益を最優先に考える。

3．（受容）　ソーシャルワーカーは，自らの先入観や偏見を排し，クライエントをあるがままに受容する。

4．（説明責任）　ソーシャルワーカーは，クライエントに必要な情報を適切な方法・わかりやすい表現を用いて提供する。

5．（クライエントの自己決定の尊重）　ソーシャルワーカーは，クライエントの自己決定を尊重し，クライエントがその権利を十分に理解し，活用できるようにする。また，ソーシャルワーカーは，クライエントの自己決定が本人の生命や健康を大きく損ねる場合や，他者の権利を脅かすような場合は，人と環境の相互作用の視点からクライエントとそこに関係する人々相互のウェルビーイングの調和を図ることに努める。

6．（参加の促進）　ソーシャルワーカーは，クライエントが自らの人生に影響を及ぼす決定や行動のすべての局面において，完全な関与と参加を促進する。

7．（クライエントの意思決定への対応）　ソーシャルワーカーは，意思決定が困難なクライエントに対して，常に最善の方法を用いて利益と権利を擁護する。

8．（プライバシーの尊重と秘密の保持）　ソーシャルワーカーは，クライエントのプライバシーを尊重し秘密を保持する。

9．（記録の開示）　ソーシャルワーカーは，クライエントから記録の開示の要求があった場合，非開示とすべき正当な事由がない限り，クライエントに記録を開示する。

10．（差別や虐待の禁止）　ソーシャルワーカーは，クライエントに対していかなる差別・虐待もしない。

11．（権利擁護）　ソーシャルワーカーは，クライエントの権利を擁護し，その権利の行使を促進する。

12．（情報処理技術の適切な使用）　ソーシャルワーカーは，情報処理技術の利用がクライエントの権利を侵害する危険性があることを認識し，その適切な使用に努める。

Ⅱ　組織・職場に対する倫理責任

1．（最良の実践を行う責務）　ソーシャルワーカーは，自らが属する組織・職場の基本的な使命や理念を認識し，最良の業務を遂行する。

2．（同僚などへの敬意）　ソーシャルワーカーは，組織・職場内のどのような立場にあっても，同僚および他の専門職などに敬意を払う。

3．（倫理綱領の理解の促進）　ソーシャルワーカーは，組織・職場において本倫理綱領が認識されるよう働きかける。

4．（倫理的実践の推進）　ソーシャルワーカーは，組織・職場の方針，規則，業務命令がソーシャルワークの倫理的実践を妨げる場合は，適切・妥当な方法・手段によって提言し，改善を図る。

5．（組織内アドボカシーの促進）　ソーシャルワーカーは，組織・職場におけるあらゆる虐待または差別的・抑圧的な行為の予防および防止の促進を図る。

6．（組織改革）　ソーシャルワーカーは，人々のニーズや社会状況の変化に応じて組織・職場の機能を評価し必要な改革を図る。

Ⅲ　社会に対する倫理責任

1．（ソーシャル・インクルージョン）　ソーシャルワーカーは，あらゆる差別，貧困，抑圧，排除　無関心，暴力，環境破壊などに立ち向かい，包摂的な社会をめざす。

2．（社会への働きかけ）　ソーシャルワーカーは，人権と社会正義の増進において変革と開発が必要であるとみなすとき，人々の主体性を活かしながら，社会に働きかける。

3．（グローバル社会への働きかけ）　ソーシャルワーカーは，人権と社会正義に関する課題を解決するため，全世界のソーシャルワーカーと連帯し，グローバル社会に働きかける。

Ⅳ　専門職としての倫理責任

1．（専門性の向上）　ソーシャルワーカーは，最良の実践を行うために，必要な資格を所持し，専門性の向上に努める。

2．（専門職の啓発）　ソーシャルワーカーは，クライエント・他の専門職・市民に専門職としての実践を適切な手段をもって伝え，社会的信用を高めるよう努める。

3．（信用失墜行為の禁止）　ソーシャルワーカーは，自分の権限の乱用や品位を傷つける行いなど，専門職全体の信用失墜となるような行為をしてはならない。

4．（社会的信用の保持）　ソーシャルワーカーは，他のソーシャルワーカーが専門職業の社会的信用を損なうような場合，本人にその事実を知らせ，必要な対応を促す。

5．（専門職の擁護）　ソーシャルワーカーは，不当な批判を受けることがあれば，専門職として連帯し，その立場を擁護する。

6．（教育・訓練・管理における責務）　ソーシャルワーカーは，教育・訓練・管理を行う場合，それらを受ける人の人権を尊重し，専門性の向上に寄与する。

7．（調査・研究）　ソーシャルワーカーは，すべての調査・研究過程で，クライエントを含む研究対象の権利を尊重し，研究対象との関係に十分に注意を払い，倫理性を確保する。

8．（自己管理）　ソーシャルワーカーは，何らかの個人的・社会的な困難に直面し，それが専門的判断や業務遂行に影響する場合，クライエントや他の人々を守るために必要な対応を行い，自己管理に努める。

注1．本綱領には「ソーシャルワーク専門職のグローバル定義」の本文のみを掲載してある。なお，アジア太平洋（2016年）および日本（2017年）における展開が制定されている。

注2．本綱領にいう「ソーシャルワーカー」とは，本倫理綱領を遵守することを誓約し，ソーシャルワークに携わる者をさす。

注3．本綱領にいう「クライエント」とは，「ソーシャルワーク専門職のグローバル定義」に照らし，ソーシャルワーカーに支援を求める人々，ソーシャルワークが必要な人々および変革や開発，結束の必要な社会に含まれるすべての人々をさす。

出所：日本ソーシャルワーカー連盟HP（2022年1月10日アクセス）。

大学等において開講する社会福祉に関する科目の確認に係る指針について（抄録）

（19文科高第917号社援発第0328003号，平成20年 3 月28日）

最終改正：元文科高第1122号，社援発0306第23号，令和 2 年 3 月 6 日

別表 1 （抜粋）

ソーシャルワーク演習	① ソーシャルワークの知識と技術に係る他の科目との関連性を踏まえ，社会福祉士及び精神保健福祉士として求められる基礎的な能力を涵養する。 ② ソーシャルワークの価値規範と倫理を実践的に理解する。 ③ ソーシャルワークの実践に必要なコミュニケーション能力を養う。 ④ ソーシャルワークの展開過程において用いられる，知識と技術を実践的に理解する。	個別指導並びに集団指導を通して，具体的な援助場面を想定した実技指導（ロールプレーイング等）を中心とする演習形態により行うこと。 ① 自己覚知 ・自己理解と他者理解 ② 基本的なコミュニケーション技術 ・言語的技術（質問，促し，言い換え，感情の反映，繰り返し，要約等） ・非言語技術（表情，態度，身振り，位置取り等） ③ 基本的な面接技術 ・面接の構造化 ・場の設定（面接室，生活場面，自宅等） ・ツールの活用（電話，e-mail 等） ④ ソーシャルワークの展開過程事例を用いて，次に掲げる具体的なソーシャルワークの場面と過程を想定した実技指導を行うこと。 ・ケースの発見 ・インテーク ・アセスメント ・プランニング ・支援の実施 ・モニタリング ・支援の終結と事後評価 ・アフターケア ⑤ ソーシャルワークの記録 ・支援経過の把握と管理 ⑥ グループダイナミクスの活用 ・グループワークの構成（グループリーダー・コリーダー・グループメンバー） ・グループワークの展開過程（準備期・開始期・作業期・終結期） ⑦ プレゼンテーション技術 ・個人プレゼンテーション ・グループプレゼンテーション
ソーシャルワーク演習（専門）	① ソーシャルワークの実践に必要な知識と技術の統合を行い，専門的援助技術として概念化し理論化し体系立てていくことができる能力を習得する。 ② 社会福祉士に求められるソーシャルワークの価値規範を理解し，倫理的な判断能力を養う。 ③ 支援を必要とする人を中心とした分野横断的な総合的かつ包括的な支援について実践的に理解する。 ④ 地域の特性や課題を把握し解決するための，地域アセスメントや評価等の仕組みを実践的に理解する。 ⑤ ミクロ・メゾ・マクロレベルにおけるソーシャルワークの対象と展開過程，実践モデルとアプローチについて実践的に理解する。 ⑥ 実習を通じて体験した事例について，事例検討や事例研究を実際に行い，その意義や方法を具体的に理解する。 ⑦ 実践の質の向上を図るため，スーパービジョンにつ	〈ソーシャルワーク実習前に行うこと〉 個別指導並びに集団指導を通して，実技指導（ロールプレーイング等）を中心とする演習形態により行うこと。 ① 次に掲げる具体的な事例等（集団に対する事例含む。）を活用し，支援を必要とする人が抱える複合的な課題に対する総合的かつ包括的な支援について実践的に習得すること。 ・虐待（児童・障害者・高齢者等） ・ひきこもり ・貧困 ・認知症 ・終末期ケア ・災害時 ・その他の危機状態にある事例（権利擁護活動を含む） ② ①に掲げた事例等を題材として，次に掲げる具体的なソーシャルワークの場面及び過程を想定した実技指導を行うこと。 ・ケースの発見 ・インテーク ・アセスメント ・プランニング ・支援の実施 ・モニタリング ・支援の集結と事後評価 ・アフターケア ③ ②の実技指導に当たっては，次に掲げる内容を含めること。 ・アウトリーチ ・チームアプローチ ・ネットワーキング ・コーディネーション ・ネゴシエーション ・ファシリテーション

<table>
<tr>
<td></td>
<td>いて体験的に理解する。</td>
<td>
・プレゼンテーション
・ソーシャルアクション
④ 地域福祉の基盤整備と開発に係る事例を活用し，次に掲げる事項について実技指導を行うこと。
・地域住民に対するアウトリーチとニーズ把握
・地域アセスメント
・地域福祉の計画
・組織化
・社会資源の活用・調整・開発
・サービスの評価
〈ソーシャルワーク実習後に行うこと〉
　ソーシャルワークに係る知識と技術について個別的な体験を一般化し，実践的かつ学術的な知識及び技術として習得できるよう，集団指導並びに個別指導による実技指導を行うこと。
① 事例研究，事例検討
② スーパービジョン
</td>
</tr>
<tr>
<td>ソーシャルワーク実習指導</td>
<td>
① ソーシャルワーク実習の意義について理解する。
② 社会福祉士として求められる役割を理解し，価値と倫理に基づく専門職としての姿勢を養う。
③ ソーシャルワークに係る知識と技術について具体的かつ実践的に理解し，ソーシャルワーク機能を発揮するための基礎的な能力を習得する。
④ 実習を振り返り，実習で得た具体的な体験や援助活動を，専門的援助技術として概念化し理論化し体系立てていくことができる総合的な能力を涵養する。
</td>
<td>
次に掲げる事項について個別指導及び集団指導を行うものとする。
① 実習及び実習指導の意義（スーパービジョン含む。）
② 多様な施設や事業所における現場体験学習や見学実習
③ 実際に実習を行う実習分野（利用者理解含む。）と施設・機関，地域社会等に関する基本的な理解
④ 実習先で関わる他の職種の専門性や業務に関する基本的な理解
⑤ 実習先で必要とされるソーシャルワークの価値規範と倫理・知識及び技術に関する理解
⑥ 実習における個人のプライバシーの保護と守秘義務等の理解
⑦ 実習記録への記録内容及び記録方法に関する理解
⑧ 実習生，実習担当教員，実習先の実習指導者との三者協議を踏まえた実習計画の作成及び実習後の評価
⑨ 巡回指導
⑩ 実習体験や実習記録を踏まえた課題の整理と実習総括レポートの作成
⑪ 実習の評価及び全体総括会
</td>
</tr>
<tr>
<td>ソーシャルワーク実習</td>
<td>
① ソーシャルワークの実践に必要な各科目の知識と技術を統合し，社会福祉士としての価値と倫理に基づく支援を行うための実践能力を養う。
② 支援を必要とする人や地域の状況を理解し，その生活上の課題（ニーズ）について把握する。
③ 生活上の課題（ニーズ）に対応するため，支援を必要とする人の内的資源やフォーマル・インフォーマルな社会資源を活用した支援計画の作成，実施及びその評価を行う。
④ 施設・機関等が地域社会の中で果たす役割を実践的に理解する。
⑤ 総合的かつ包括的な支援における多職種・多機関，地域住民等との連携のあり方及びその具体的内容を実践的に理解する。
</td>
<td>
実習生は次に掲げる事項について実習指導者による指導を受けるものとする。
① 利用者やその関係者（家族・親族，友人等），施設・事業者・機関・団体，住民やボランティア等との基本的なコミュニケーションや円滑な人間関係の形成
② 利用者やその関係者（家族・親族，友人等）との援助関係の形成
③ 利用者や地域の状況を理解し，その生活上の課題（ニーズ）の把握，支援計画の作成と実施及び評価
④ 利用者やその関係者（家族・親族，友人等）への権利擁護活動とその評価
⑤ 多職種連携及びチームアプローチの実践的理解
⑥ 当該実習先が地域社会の中で果たす役割の理解及び具体的な地域社会への働きかけ
⑦ 地域における分野横断的・業種横断的な関係形成と社会資源の活用・調整・開発に関する理解
⑧ 施設・事業者・機関・団体等の経営やサービスの管理運営の実際（チームマネジメントや人材管理の理解を含む。）
⑨ 社会福祉士としての職業倫理と組織の一員としての役割と責任の理解
⑩ ソーシャルワーク実践に求められる以下の技術の実践的理解
・アウトリーチ
・ネットワーキング
・コーディネーション
・ネゴシエーション
・ファシリテーション
・プレゼンテーション
・ソーシャルアクション
　ソーシャルワーク実習指導担当教員は巡回指導等を通して実習生及び実習指導者との連絡調整を密に行い，実習生の実習状況についての把握とともに実習中の個別指導を十分に行うものとする。
</td>
</tr>
</table>

206

大学等において開講する精神障害者の保健及び福祉に関する科目の確認に係る指針について（抄録）

（23文科高第501号，障発0805第9号，平成23年8月5日）

最終改正：2文科高第883号，障発1228第12号，令和2年12月28日

別表1

科目名	教育内容	
	ねらい（目標）	教育に含むべき事項（内容）
ソーシャルワーク演習	① ソーシャルワークの知識と技術に係る他の科目との関連性を踏まえ，社会福祉士及び精神保健福祉士として求められる基礎的な能力を涵養する。 ② ソーシャルワークの価値規範と倫理を実践的に理解する。 ③ ソーシャルワークの実践に必要なコミュニケーション能力を養う。 ④ ソーシャルワークの展開過程において用いられる，知識と技術を実践的に理解する。	個別指導並びに集団指導を通して，具体的な援助場面を想定した実技指導（ロールプレーイング等）を中心とする演習形態により行うこと。 ① 自己覚知 ・自己理解と他者理解 ② 基本的なコミュニケーション技術 ・言語的技術（質問，促し，言い換え，感情の反映，繰り返し，要約等） ・非言語技術（表情，態度，身振り，位置取り等） ③ 基本的な面接技術 ・面接の構造化 ・場の設定（面接室，生活場面，自宅等） ・ツールの活用（電話，e-mail等） ④ ソーシャルワークの展開過程 事例を用いて，次に掲げる具体的なソーシャルワークの場面と過程を想定した実技指導を行うこと。 ・ケースの発見 ・インテーク ・アセスメント ・プランニング ・支援の実施 ・モニタリング ・支援の終結と事後評価 ・アフターケア ⑤ ソーシャルワークの記録 ・支援経過の把握と管理 ⑥ グループダイナミクスの活用 ・グループワークの構成（グループリーダー・コリーダー・グループメンバー） ・グループワークの展開過程（準備期・開始期・作業期・終結期） ⑦ プレゼンテーション技術 ・個人プレゼンテーション ・グループプレゼンテーション
ソーシャルワーク演習（専門）	① 精神疾患や精神障害，精神保健の課題のある人の状況や困難，また希望を的確に聞き取り，とりまく状況や環境を含めて理解してソーシャルワークを展開するための精神保健福祉士の専門性（知識，技術，価値）の基礎を獲得する。 ② 精神疾患や精神障害，精神保健の課題のある人のための諸制度，サービスについて，その概念と利用要件や手続きを知り，援助に活用できるようになる。 ③ 精神疾患や精神障害，精神保健の課題のある人のための関係機関や職種の役割を理解し，本人を中心とした援助を展開するチームが連携する際のコーディネート役を担えるようになる。 ④ 精神疾患や精神障害，精神保健の課題のある人を取巻く環境や社会を見渡し，こうした人々への差別や偏見を除去し共生社会を実現するための活動を精神保健福祉士の役割として認識し，政策や制度，関係行政や地域住民にはたらきかける方法をイメージできるようになる。 ⑤ 精神保健福祉士として考え，行動するための基盤を獲得し，職業アイデンティティを構築する意義を理解できる。	以下の内容についてはソーシャルワーク実習（専門）を行う前に学習を開始し，十分な学習をしておくこと。 　以下の①から④に掲げる事項を組み合わせた精神保健福祉援助の事例（集団に対する事例を含む。）を活用し，精神保健福祉士としての実際の思考と援助の過程における行為を想定し，精神保健福祉の課題を捉え，その解決に向けた総合的かつ包括的な援助について実践的に習得すること。すべての事例において，精神保健福祉士に共通する原理として「社会的復権と権利擁護」「自己決定」「当事者主体」「社会正義」「ごく当たり前の生活」を実践的に考察することができるように指導すること。 ① 領域 ・医療機関（入院病棟，外来，訪問，デイ・ケア，精神科以外の診療科を含む病院，診療所） ・障害福祉サービス事業所（相談支援，就労支援，生活訓練，地域移行支援，地域定着支援，自立生活援助，地域生活支援等） ・行政機関・社会福祉協議会（精神保健福祉センター，保健所，市町村，ハローワーク） ・高齢者福祉施設（地域包括支援センター，介護療養型施設，生活施設等） ・教育機関（学校，教育委員会） ・司法（刑務所，矯正施設，保護観察所等） ・産業・労働（一般企業，EAP機関等） ・児童（児童相談所，児童養護施設等） ・合議体（退院支援委員会，精神医療審査会，障害支援区分認定審査会，自立支援協議会，契約締結審査会，医療観察法審判期日等） ・その他（独立開業等） ② 課題 ・社会的排除，社会的孤立 ・受診・受療，課題発見 ・退院支援，地域移行支援 ・地域生活支援 ・自殺対策 ・ひきこもり支援 ・児童虐待への対応 ・アルコール依存，薬物依存，ギャンブル依存等の予防や回復 ・家族支援 ・就労（雇用）支援 ・職場ストレス，リワーク支援 ・貧困，低所得，ホームレス支援 ・災害被災者，犯罪被害者支援，触法精神障害者支援 ・その他 ③ 法制度・サービス ・精神保健及び精神障害者福祉に関する法律 ・障害者基本法，障害者総合支援法 ・障害者差別解消法，障害者虐待防止法 ・医療観察法 ・生活保護制度，障害年金制度，各種手当

		・障害者雇用促進法，労働安全衛生法 ・介護保険法，老人福祉法，高齢者虐待防止法 ・児童福祉法，児童虐待防止法 ・アルコール健康障害対策基本法 ・刑の一部執行猶予制度，覚せい剤取締法等 ・自殺防止対策基本法 ・当事者活動（自助グループ，ピアサポート） ・その他（居住支援制度，生活困窮者自立支援制度，成年後見制度等） ④　援助技術 ・ソーシャルワークの過程を通した援助（ケースの発見，インテーク，アセスメント，プランニング，支援の実施，モニタリング，支援の終結と事後評価，アフターケア） ・個別面接 ・グループワークの展開 ・ケア会議や関係者会議のコーディネートとマネジメント ・リハビリテーションプログラムの実施（行動療法，作業療法，回復支援プログラム） ・アウトリーチ，コミュニティソーシャルワークの展開 ・社会福祉調査の実施，計画策定，評価，資源創出，政策提言 ・普及啓発活動，人材育成（住民への啓発，ボランティア養成，実習生指導） ・記録（個別支援記録，公文書作成，業務（日誌・月報等）の記録，スーパービジョンのためのレポート作成等） ・その他
ソーシャルワーク実習指導	①　ソーシャルワーク（精神保健福祉士）実習の意義について理解する。 ②　精神疾患や精神障害のある人のおかれている現状を理解し，その生活の実態や生活上の困難について理解する。 ③　ソーシャルワーク（精神保健福祉士）実習に係る個別指導及び集団指導を通して，精神保健福祉士が行うソーシャルワークに係る知識と技術について具体的かつ実際的に理解し実践的な技術等を体得する。 ④　精神保健福祉士として求められる資質，技能，倫理，自己に求められる課題把握等，総合的に対応できる能力を習得する。 ⑤　具体的な実習体験を，専門的知識及び技術として概念化し理論化し体系立てていくことができる能力を涵養する。	次に掲げる事項について個別指導及び集団指導 ア　ソーシャルワーク実習とソーシャルワーク実習指導における個別指導及び集団指導の意義 イ　精神保健医療福祉の現状（利用者理解を含む。）に関する基本的な理解 ウ　実際に実習を行う施設・機関・事業者・団体・地域社会等に関する基本的な理解 エ　精神疾患や精神障害のある当事者の語りに触れる体験 オ　現場体験学習及び見学実習 カ　実習先で必要とされる精神保健福祉士としてのソーシャルワークに係る専門的知識と技術に関する理解 キ　精神保健福祉士に求められる職業倫理と法的責務に関する理解 ク　実習における個人のプライバシー保護と守秘義務の理解（精神保健福祉士法及び個人情報保護法の理解を含む。） ケ　「実習記録ノート」への記録内容及び記録方法に関する理解 コ　実習生，実習担当教員，実習先の実習指導者との三者協議を踏まえた実習計画の作成 サ　巡回指導（訪問指導，スーパービジョン） シ　実習記録や実習体験を踏まえた課題の整理と実習総括レポートの作成 ス　実習の評価全体総括会
ソーシャルワーク実習	①　ソーシャルワーク実習を通して，精神保健福祉士としてのソーシャルワークに係る専門的知識と技術の理解に基づき精神保健福祉現場での試行と省察の反復により実践的な技術等を体得する。 ②　精神疾患や精神障害，メンタルヘルスの課題をもつ人びとのおかれている現状に関する知識をもとに，その生活実態や生活上の課題についてソーシャルワーク実習を行う実習先において調査し具体的に把握する。 ③　実習指導者からのスーパービジョンを受け，精神保健福祉士として求められる資質，技能，倫理，自己に求められる課題把握等，総合的に対応できる能力を習得する。 ④　総合的かつ包括的な地域生活支援と関連分野の専門職との連携のあり方及びその具体的内容を実践的に理解する。	①　学生は，精神科病院等の病院での実習において，患者への個別支援を経験するとともに，次に掲げる事項を経験し，実習先の実習指導者による指導を受けること。 ア　受診前や入院時又は急性期の患者及びその家族への相談援助 イ　退院又は地域移行・地域定着支援に向けた，患者及びその家族への相談援助 ウ　入院患者と外来患者及びそれらの家族への多職種連携による支援 エ　病院外の関係機関・団体及び地域住民との連携を通じたソーシャルワーク ②　学生は，精神科診療所での実習において患者への個別支援を経験するとともに，次に掲げる事項を経験し，実習先の実習指導者による指導を受けること。 ア　受診前や治療中の患者及びその家族への相談援助 イ　日常生活や社会生活上の問題に関する，患者及びその家族への相談援助 ウ　外来患者及びそれらの家族への多職種連携による支援 エ　地域の精神科病院や関係機関・団体及び地域住民との連携を通じたソーシャルワーク ③　学生は，障害福祉サービス事業所及び行政機関等，精神科病院等の医療機関の実習を通して，次に掲げる事項をできる限り経験し，実習先の実習指導者による指導を受けるものとする。 ア　利用者やその関係者，施設・機関・事業者・団体・住民やボランティア等との基本的なコミュニケーションや人との付き合い方などの円滑な人間関係の形成 イ　利用者理解と相談支援ニーズの把握及び相談支援計画の作成 ウ　利用者やその関係者（家族・友人・近隣住民等）との相談支援関係の形成 エ　利用者やその関係者（家族・友人・近隣住民等）への権利擁護及び相談支援（エンパワメントを含む。）とその評価 オ　精神医療・保健・福祉に係る多職種連携をはじめとする相談支援におけるチームアプローチへの参加 カ　精神保健福祉士としての職業倫理と法的義務の意味の考察と遵守 キ　施設・機関・事業者・団体等の職員の就業などに関する規定の遵守と組織の一員としての役割と責任への自覚 ク　施設・機関・事業者・団体等の経営やサービスの管理運営の観察 ケ　当該実習先が地域社会で果たす役割の考察と具体的な地域社会への働きかけとしてのアウトリーチ，ネットワーキング，社会資源の活用・調整・開発場面の観察 コ　実習先施設・機関や所属地域における精神保健福祉向上のための課題発見と政策提言に関する考察 サ　実習体験及び学習成果の考察と記述，プレゼンテーション実習総括と精神保健福祉士としての学習課題の明確化，及び研鑽計画の立案 ④　学生は，実習体験と考察を記録し，実習指導者によるスーパービジョンと，ソーシャルワーク実習指導担当教員による巡回指導及び帰校日指導等を通して，実習事項について個別指導や集団指導を受ける。 ⑤　実習指導担当教員は，巡回指導等を通して実習指導者との連絡調整を密に行い，学生の実習状況についての把握とともに実習中の個別指導を十分に行うものとする。

現場実習に役立つ主な社会福祉用語

アウトリーチ

　ソーシャルワーカーが地域に出向き，支援の機会を意図して働きかける手法や技術のことである。何らかの課題を抱えていても，援助を求めることができずにいる，もしくは必要性を感じていない人に対して，積極的に働きかけ，必要な情報・支援を届けていく。アウトリーチを行うことで，支援の対象者と関係を作り，支援に発展していくことが期待できる。

アセスメント

　ソーシャルワークの援助過程の一つである。「事前評価」と訳され，利用者を取り巻く環境や利用者自身の強みや課題などを総合的に把握・分析することであり，アセスメントを通して整理した情報は，次の援助過程であるプランニングやインターベンションに関わる重要な資料となる。アセスメントの対象は，個人に限らず家族，小グループ，地域なども含まれる。対象者に対して適切なプランニングや介入をしていくにあたって重要である。

アドボカシー

　「擁護・代弁」とも訳されるが，自分のニーズを把握することや自らの権利を主張することの困難な人に代わってそのニーズや権利を表明したり，また自分で権利を主張できるように支援することである。形態としては，個人を対象とする「ケースアドボカシー」，共通のニーズを持つ人たちを対象とする「クラスアドボカシー」では，それぞれの権利を代弁して擁護するが，他にも，個人や集団が自分の権利や利益を自ら主張し行動する「セルフアドボカシー」などがある。

医学モデル

　クライエントの持つ問題を診断・評価し，「処遇」するという枠組みを持つモデルである。そのため，個人の心理的・社会的問題を疾患として捉え，その症状への原因を探り，治療・処遇するように，クライエントの抱える問題は，クライエントの内部に見出すといった考え方である。しかし，人間は環境から影響を受け，環境に影響を与える存在でもあり，特定の原因を見出すことは困難という風潮が高まり，ライフモデル（生活モデル）（216頁）の誕生に至っている。

インターベンション

　ソーシャルワークの援助過程の一つである。「介入」と訳され，利用者へのアセスメント後に実施したプランニングに基づき，援助を実施していく段階のことである。介入は，利用者だけでなく，利用者を取り巻く環境にも働きかける。さらに，課題の性質によっては社会にも働きかけて社会資源の開発にまで取り組んでいく。

インテーク

　ソーシャルワークの援助過程の一つである。受理面接を意味し，ケースワークやケアマネジメントなどの初期段階に位置づけられる。クライエントとソーシャルワーカーが初めて出会う機会のため，信頼関係の基盤を構築しながら，クライエントが抱えている問題を正確に把握することが求められる。対応する機関にて相談内容を受理し，継続的に関わるかどうかを判断する。相談内容の性質上，他に適切な支援機関があれば円滑につなぐことも求められる。

ウェルビーイング

　1946年の世界保健機関（WHO）憲章の前文における「健康」の定義の中で登場した言葉である。ソーシャルワークにおいては，個人の権利や自己実現が保障され，身体的・精神的・社会的に良好な状態（well-being）であることを指している。また，生活の質（QOL）の豊かさを示す概念でもある。なお，ウェルビーイングが注目される背景には，近年の動きであるグローバル化や働き

方改革による多様性を尊重する高まりや「SDGs（持続可能な開発目標）」などが挙げられる。

エコマップ

　ハルトマン（A. Hartman）が生態学の視点を取り入れて開発した記録法である。支援活動の記録だけでなく，事例研究やスーパービジョンにも活用されている。対象となる世帯を中心として，公私の社会資源や関係者などを表記し，その関連性を図示する。これらを通して，支援体制の構成・構造が視覚的に明確になり，支援する上での課題を焦点化させることが可能になる。

エンパワメント・アプローチ

　クライエントは社会的な環境により，本来持っている力を発揮できないパワーレス（力不足・抑圧的な状態）になりがちであり，そのような状態におかれた個人や集団が主体的に問題を解決することができるように支援することを目的としたアプローチである。クライエントを対象とする支援（パワーの回復と強化），社会を対象とする支援（環境上の障壁やストレスを引き起こしている要因の除去）の両面を1つのソーシャルワークの構造に取り入れた手法である。

共　　感

　相談者やクライエントの内的な世界を自分のことのように感じ取って理解し，同じ感情を共有することである。自分の視点から憐れんだり，逆に自分を忘れてクライエントの感情に巻き込まれたりする「同情」とは異なり，「自分とクライエントは別の人間である」という前提に立ち，クライエントの感情を深く理解していく。このような共感的理解を示すことが，クライエントと良好な人間関係を形成することにつながっていく。

業務独占

　国家資格の有資格者が，その定められた業務を独占することである。そのため，例えば，医師の資格がない者が医療行為を行うことは違反になり，処罰の対象となる。もちろん，その資格を持たない者がその資格名称を用いることも禁止されている。他にも主な業務独占の資格として，薬剤師や看護師，弁護士などがある。

クライエント

　ソーシャルワーカーとともにその課題を解決することについて，契約を交わした問題を抱える当事者のことである。サービスを利用する個人だけでなく，集団や地域なども含まれる。クライエントと呼ばれるのは，相談機関とサービス提供の契約を交わした段階からであり，援助の申請段階ではアプリカントと呼ばれている。

ケアマネジメント

　社会福祉援助技術における関連援助技術の一つである。複合的な支援を必要とする利用者に対して，心身の状況や取り巻く環境を把握し，地域にある社会資源の連絡・調整を図りながら，安定したサービスの提供を図る技術である。具体的にはアセスメントによって整理した情報をもとに，必要なサービスを組み合わせて支援計画を作成し，実施していく。日本では，2000年の介護保険制度の導入によりケアマネジメントという用語が普及し，現在では障害者総合支援制度にも導入されている。

傾　　聴

　相手の経験や感情などを総合的に受け止めながら聴くことである。傾聴には，相手の語る時のトーン，姿勢や表情などの非言語表現も含まれる。この時，ソーシャルワーカーによる評価や判断は脇に置く姿勢が求められる。ソーシャルワーカーは，クライエントに全人的な関心をもって聞くことが重要であり，支援を必要としているクライエントとの信頼関係を築くため，支援過程全般に共通する基本的態度である。

ケースワーク

　社会福祉援助技術における直接援助技術の一つであり，「個別援助技術」とも呼ばれる。ソーシャルワーカーが個々のクライエントやその家族の困りごとを解決したり，ニーズを充足するために，個別に支援が行われる技術のことである。ケースワークは，19世紀後半のイギリスの慈善組織協会（COS）の活動の中から芽生え，「ケースワークの母」と呼ばれたアメリカのメアリー・リッチモンド（M. Richmond）によって理論化された。

コミュニティソーシャルワーク

　1982年にイギリスのバークレイ報告書で提唱された概念である。個人単位で支援を提供し完結するものではなく，地域単位で捉え，地域生活課題として考えることが大切であることから，個別支援と地域支援を一体的に捉える考え方である。具体的には「個を地域で支える支援」と「個を支える地域をつくる支援」を一体的に推進する「地域を基盤とした新たなソーシャルワーク」といえる。そのため，今日の地域共生社会で注目され，重要視されるようになってきている。

コミュニティワーク

　社会福祉援助技術における間接援助技術の一つであり，地域援助技術とも呼ばれる。その源流は，1869年にロンドンに設立された慈善組織協会（COS）の活動であり，1980年代頃からは日本でも取り上げられるようになった。住民の地域生活課題について，さまざまな社会資源を組み合わせて解決するという方法だけでなく，その過程を通して，住民間で豊かな福祉意識が醸成され，社会資源を創出する中で，住民の福祉力を高めることや福祉コミュニティを形成することも，コミュニティワークの目的として位置づけられている。

ジェノグラム

　クライエント及び家族，親族の系譜について記号化し，図式化したものである。世代関係図，家族関係図，家族構成図とも呼ばれる。表記には男性を四角，女性を丸で示すこと，関係性は実線・破線などを用いるといったルールがあり，支援の中でジェノグラムを作成することは，家族の状況（問題構造やキーパーソンの把握）をより正確に把握し，効果的な支援計画の作成や介入に役立てることができる。

自己覚知

　ソーシャルワーカー自身の持つ個性，性格，価値観などを客観的に自覚し，把握しておくことである。面接や支援場面においては，クライエントなどの理解をする時にソーシャルワーカー自身の価値基準や私情が働いて，適度な距離感を保つことができず，適切な支援ができなくなる恐れがある。そのため，自己覚知について常日頃から取り組み，深めておくことが求められる。自己覚知を促進するためには，スーパービジョンを受けることが有効とされている。

自己決定

　支援過程において，判断し決定するのは利用者であり，ソーシャルワーカーではないとする考え方のことである。その背景には，1998年の社会福祉基礎構造改革により，主な福祉サービスが措置制度から契約制度へと転換し，利用者自らが福祉サービスを選択して利用する動きとなった。なお，利用者が自己選択・自己決定を行うためには，その前提として，正確な情報提供と複数の選択肢を準備しておくことが求められることや，利用者の判断能力の状況によっては，代弁者の存在も必要になることがある。

施設コンフリクト

　コンフリクトは「葛藤」を意味するが，社会福祉施設を地域に建設しようとする時に，障害などに対する偏見や無理解によって，地域住民等が施設建設に反対し，建設計画が中止になったり，

当初の計画の変更を迫られるなど，社会福祉施設と地域との間に生じる紛争を指している。そのため，地域共生社会の構築に向け，社会福祉施設は地域の社会資源の一つであることを地域住民等に理解してもらうための方法を検討することが引き続き求められている。

社会資源

さまざまなニーズを抱えている人の問題を解決するために必要な制度や情報，人材などを指している。大別すると，法律や制度，専門職によるフォーマルなものと，家族や友人，地域住民など非専門職によるインフォーマルなものがある。近年は，フォーマルとインフォーマルな社会資源が連携して家庭や地域を支える取り組みが増えている。なお，既存の社会資源の活用のみで支援が難しい場合には，その開発も視野に入れることが求められている。

終　結

ソーシャルワークの援助過程の一つである。支援の終了の準備，終了の段階のことで，問題解決過程について利用者とソーシャルワーカーがともに行い，当初の契約に基づく支援計画で立てた目標で達成したことや残された課題などを確認する。支援計画をそのまま継続したとしても目標への達成が期待できない場合にも終結を迎えることがある。また，終結したとしても支援を再度利用することができることを伝え，利用者に安心感を抱いてもらうことも重要である。

主　訴

相談支援において，相談者がソーシャルワーカーに伝える主たる内容のことである。インテークの段階では，相談者の主訴を整理，確認することが求められ，十分に言葉にすることができるように傾聴やプライバシーの確保などの配慮を行う必要がある。また，相談者が表出している要望や訴えだけでなく，ソーシャルワーカーの視点から，潜在的な問題や対処すべきニーズなどに着目することも留意しておく必要がある。

受　容

思想・信条，態度や行動を含めてクライエントに対する価値判断をせず，あるがままの姿を受け止めようとする姿勢のことである。受容することを通してクライエントは安心感や自尊感情を抱くことができ，クライエントは落ち着いて課題と向き合うことができるようになる。今日ではカウンセリングの領域だけでなく，対人支援業務における相談対応時の基本理念として使われるようになっている。

職業的リハビリテーション

障害のある人に対して，職業的な能力を適切に把握し，就労環境に適応するために訓練を行い，雇用機会を得ていくための総合的なアプローチのことである。働く能力を高める「職業訓練」，適切な職場を見つける「職業カウンセリング」「職業紹介」などを受けることであり，主に青年から中年の障害者が対象である。職業的リハビリテーションの最終目標は保護雇用，一般雇用に関わらず，「就業」であるとされている。

ジレンマ

相反する2つのことの板挟みとなり，どちらとも決定しかねる状態にあり，葛藤を起こすことである。ソーシャルワーカーはクライエントと関わる際に専門職（専門性，倫理），所属組織，社会などさまざまな領域において責任を負っているため，相反する複数の倫理的な根拠が発生する場合，どの倫理責任を優先するか，ジレンマが生じる。生じた場合には，スーパービジョンやコンサルテーションを受けながら乗り越えていく必要がある。

心理社会モデル

アメリカにおける診断主義の流れに基づくソーシャルワークのアプローチの一つである。「状況

の中の人」というシステム理論的アプローチにより，クライエントが抱えている問題を個人の心理的側面と社会的側面（周囲の環境）との関係性によって捉え，両者に働きかけることによって，問題の解決を図ろうとしたモデルである。提唱者であるホリス（F. Hollis）は「医学モデル」（209頁）から「ライフ（生活）モデル」（216頁）への転換を図り，ケースワーク（211頁）の理論体系の発展に貢献した。

スーパービジョン

　利用者に対する支援の質の向上とソーシャルワーカーの養成を目的とした教育的訓練や管理的指導，支持的助言を指す。指導・助言する側のスーパーバイザーとそれを受ける側のスーパーバイジーから構成されている。形態としては，1対1で行われる個別スーパービジョン，1人のスーパーバイザーと複数のスーパーバイジーで行われるグループスーパービジョン，互いがスーパーバイザーかつスーパーバイジーとなるピアスーパービジョン，実際の場面で，スーパーバイザーがスーパーバイジーに関わり方を見せたり，指導したりするライブスーパービジョンがある。

スティグマ

　本来は，犯罪者などの身体につけられた「焼き印」を意味しており，社会から排除すべき存在として，他と明確に区別するための社会的烙印のことである。具体的には，身体上の障害や個人の性格の欠点，人とは異なる生育歴，宗教や人種など，周囲の人とは異なるものを持っている人に「逸脱者」というラベルが貼られ，社会から排除して孤立させるなど，差別や偏見の助長につながることにもなる。

ストレングス視点

　クライエント本人が持っている「できること」や「強さ」に焦点を当てる視点のことである。人間の弱さや課題に焦点を当てる医学モデル（209頁）に対する批判として生まれた。エンパワメントの前提をなす視点であると捉えられ，このような視点から支援をすることにより，クライエントは自分自身の問題解決能力を高めることができる。

生活の質（QOL）

　QOL は「quality of life」の略称である。1994年の世界保健機関（WHO）の QOL 基本調査表によると，「個人が生活する文化や価値観のなかで，目標や期待，基準または関心に関連した自分自身の人生の状況に対する認識」と定義されている。医療や福祉では，病気や障害，加齢に伴い，生活にさまざまな制限や制約が加わったとしても，クライエントの人生観や価値観を尊重し，本人が身体的，精神的，社会的に納得した生活を送れるような視点を指している。

ソーシャルアクション

　社会福祉援助技術における間接援助技術の一つである。制度・サービスの創設や拡充を目指し，行政や社会などに働きかけていく活動のことで，社会活動法と訳される。形態としては，ソーシャルワーカーが主体となって行われる活動と当事者組織が中心となって行われる活動などに分けることができる。日本においては戦前の方面委員（現在の民生委員）が中心となって展開した救護法制定・実施を求める運動に源流を見ることができる。

ソーシャルインクルージョン

　「社会的包摂」と呼ばれ，社会的に排除されている人々を社会の中に包み込み，支え合うことである。現在では，特定の人というよりも，すべての人があらゆる領域において排除されず，社会の構成員として，社会参加の可能性が保障されることを意味している。なお，国際ソーシャルワーカー連盟の「ソーシャルワーク専門職のグローバル定義」でも，社会的包摂の促進を努めるように記されている。

ソーシャルエクスクルージョン

「社会的排除」と呼ばれ，社会の構成員として，貧困や障害，人種などの理由により，社会や地域に参加できず，社会的に排除された状態のことである。このような状態が生まれると，排除された人々は社会や地域から孤立し，つながりを失うことになる。また，それ以外の人々との交流の機会が保障されないため，社会や地域の中で差別や偏見が生まれやすく，両者の間により一層の壁や溝が生まれやすくなる。

ソーシャルスキルトレーニング（SST）

社会生活技能訓練と訳される。日常生活の課題を生活技能の面から捉え，観察学習やロールプレイ（役割演技）などの手法を用いて，基本的な生活に関する能力，対人関係の保持能力，作業能力などを獲得することを目的として，病状の回復や必要な技能を獲得する訓練技法を指す。1970年代，精神科リハビリテーションとしてアメリカにて取り組まれた認知行動療法が起源である。

地域共生社会

地域住民や地域の多様な社会資源が参画・協働し，人と人，人と社会資源が世代や分野を超えてつながることで，地域住民一人ひとりの生活や生きがいづくりを支え合い，地域をともに創る社会を指している。このような社会が注目されるようになった背景には，人口減少が進行している日本では，担い手不足の問題が深刻化してきていることや，多様化・複雑化してきている福祉ニーズに伴い，従来の縦割りによる支援が困難になってきたことにより，地域や社会の中で人と人，人と社会資源がつながり，支え合う必要性が高まってきていることにある。

チームアプローチ

福祉・医療・保健など，各分野の専門職がチームを組んで利用者に必要となる支援を展開していくことである。利用者の抱える課題は複雑・多様化しており，ソーシャルワーカー単独で解決できない場合がある。チームは利用者のニーズによって異なるが，対応力のある他の専門職と課題を共有しながら，それぞれの専門性，得意分野で機能が発揮できるように調整していくこともソーシャルワーカーには求められている。

ニーズ

「欲求」「要求」とも訳されるが，ソーシャルワークやケアマネジメント（210頁）では，アセスメント（209頁）によって抽出される「生活全般の解決すべき課題」のことである。ブラッドショー（J.Bradshaw）は，ニーズを①クライエントが自覚している「感得されたニード」，②クライエントがニーズ充足のために行動する「表明されたニード」，③専門職が望ましくないと判断する「規範的ニード」，④同じ特性を持つ他者や地域との比較によって明らかにされる「比較によるニード」の4つに類型化した。

ネットワーキング

ケースの発見から問題解決に至るまでの各段階において構成される人や組織のつながりやその方法・過程のことである。そのため，必要に応じて，構成される顔ぶれも変わる柔軟性を持ち，また横と横のつながりといった対等な関係の中から生まれるものである。したがって，ネットワーキングという土壌があるからこそ，効果的な多職種連携や住民との円滑な協力体制づくりも実現しやすくなる。

ノーマライゼーション

障害の有無に関係なく，誰もが個人として尊重され，差別や偏見を受けることなく，住み慣れた地域において，当たり前の生活を送ることができることを目指した理念である。1950年代のデ

ンマークで，知的障害者の大規模施設における処遇をめぐり，親の会が処遇改善に向けた活動を始めたのが始まりである。デンマークのバンク・ミケルセン（N. E. Bank-Mikkelsem）が提唱し，スウェーデンのベングト・ニィリエ（B. Nirje）が世の中に広めた。

バーンアウト

「燃え尽き症候群」と呼ばれ，アメリカの精神分析学者のフロイデンバーガー（H. J. Freuden-berger）が提唱した概念である。真面目で熱心な人ほどなりやすいといわれており，例えば，仕事に一生懸命取り組んだが，期待したような結果が見られなかった場合の無力感や不満感，一つのことに集中して取り組み，達成したが，エネルギーを消費しすぎてしまい，次の目標を見つけられない脱力感や疲労感などが生じることで，朝が起きられない，職場に行けないなどの症状が見られ，引きこもりや自殺につながることもある。

バイスティックの 7 原則

アメリカのソーシャルワークの研究者であるフェリックス・P・バイスティック（F. P. Biestek）が支援者・クライエント間の態度と情緒の力動的相互作用のあり方に着目し，著者『ケースワークの原則』の中で示した援助関係形成のための 7 つの原則（①個別化，②意図的な感情の表出，③統制された情緒的関与，④受容，⑤非審判的態度，⑥自己決定，⑦秘密保持）である。⑦秘密保持が守られるからこそ，クライエントは②意図的な感情の表出ができるように，一つひとつの原則は独立しているのではなく，互いに作用し合っている。

パターナリズム

「父権主義，温情主義」とも訳される。強い立場の者が，弱い立場の者の利益になるために，干渉や介入するという意味である。例えば，子どもの場合，親や保護者，教師，施設の指導員などが，子どもの利益のために，子どもに代わって意思決定をすることである。なお現代の医療や福祉の現場では，インフォームドコンセント（説明を受けた上での同意）が重要視されるようになり，クライエントの自己決定権を尊重した支援や関わりが求められてきている。

伴走型支援

8050問題（80代の親が50代の子どもの生活を支えるような中高年の引きこもりを中心とした社会問題）のように，地域との接点を見出すことや自分の置かれている状況を整理することが困難な人々に対して，ソーシャルワーカーなどがつながり続けることを目的とした支援である。伴走型支援と具体的な課題解決を目的とした問題解決型支援は，地域共生社会における支援の両輪として位置づけられ，それらを組み合わせて，生きづらさを抱える人々が自らの生活や人生を切り開いていけるように働きかけることが今後より一層求められている。

フェイスシート

支援対象となる利用者の基本情報を記入する用紙のことである。具体的には利用者の氏名，住所，生年月日，連絡先，病名や家族等の連絡先などプライバシーに関する情報が記載されているため，組織においては漏洩防止を徹底し，厳重に保管することが必要である。

プランニング

ソーシャルワークの援助過程の一つである。インテーク，アセスメントを経て，支援の具体的な方法を計画し，問題を解決することができる長期・短期の目標設定を行う。利用者自身が問題解決の主体者として参加できるように，支援者は自分の立ち位置に留意し，解決を目指す生活課題（ニーズ　214頁），活用する社会資源を利用者と一緒に考えて作成し，同意を得ることが求められる。

ボランティア

　自発的な意志に基づいて人や社会に貢献する活動や人のことである。その原則として，自分の気持ちで積極的に取り組む「自発性」と活動の対価として利益を求めない「無償性」，相手を尊重し互いに助け合う「社会性」，必要に応じて工夫する「創造性」がある。1995年の阪神・淡路大震災により，全国や世界各地から大勢のボランティアが駆けつけ，救援・救済活動が展開されたことで，ボランティアという文言やその重要性を再確認できる機会となった。

名称独占

　国家資格として登録した有資格者のみが，その資格名称を独占することである。そのため，例えば，社会福祉士の資格のない者が社会福祉士と名乗ることは違法となるが，業務独占（210頁）とは異なり，資格のない者がその定められた業務を行っても違法にはならない。他にも，主な名称独占の資格として，精神保健福祉士や介護福祉士，理学療法士，保育士などがある。

モニタリング

　ソーシャルワークの援助過程の一つである。プランニングにて定めた課題に対して実施しているインターベンションの達成状況を確認するとともに，その取り組みが有効であったかどうかを見極める段階である。また，新たなニーズを確認し，必要に応じて再度アセスメントやプランニングを実施する。クライエントやクライエントを取り巻く状況は変化していく可能性があり，そのニーズに対して柔軟に対応していくためにも重要な過程である。

欲求階層説（マズロー）

　アメリカの心理学者のマズロー（A. H. Maslow）は，人間の生来的欲求には，生理的欲求，安全の欲求，所属と愛情の欲求，自尊の欲求，自己実現の欲求があり，それぞれの欲求には階層性が見られることを提唱した。すなわち，生理的な欲求が満たされたら，次の安全を求める欲求が生じるなど，階段を上がるように段階を踏まえながら，自己実現の欲求に向けて，人の欲求は求めるようになるとした。なお，最初の4欲求は「欠乏欲求」，最後の自己実現の欲求は「成長欲求」と呼ばれている。

ライフ（生活）モデル

　医学モデル（209頁）とは異なり，システム理論や生態学の視点を用いながら，クライエントの抱える問題は，クライエントとそれを取り巻く環境との交互作用の中に生じるという枠組みを持つモデルである。ジャーメイン（C. B. Germain）によって提唱された。クライエントを「治療の対象」とするのではなく，環境との交互作用関係における「生活の主体者」として捉えるとともに，ソーシャルワーカーは個人と環境との接触面に介入するという点に特徴がある。

ラポール

　共感的な信頼関係のことを意味している。クライエントとソーシャルワーカーとの信頼関係は，面接や支援場面では特に重要であり，その後の支援の展開にも影響を及ぼすものとなる。このような信頼関係を築いていくためには，ソーシャルワーカーが受容的態度で関わることが求められ，そのためには自己覚知（211頁）を深めておくことが必要である。

　参考文献　成清美治・加納光子編集代表『現代社会福祉用語の基礎知識 第13版』学文社，2019年。
　　　　　　福祉教育カレッジ編『イラストでみる社会福祉用語事典 第2版』テコム，2017年。

索　引

著者紹介 （所属，分担，執筆順，＊印は編集委員）

＊家髙　将明（いえたか　まさあき）（関西福祉科学大学社会福祉学部准教授：第1章，第4章1・2，第6章4，第9章1，巻末資料，ワンポイントアドバイス7・8・10・13・14）

羽根　武志（はね　たけし）（藤井寺市社会福祉協議会地域包括支援センター主査：ワンポイントアドバイス1・5・32・43）

橋爪　亮（はしづめ　りょう）（河内総合病院地域医療連携室主任：ワンポイントアドバイス2・11・20・31）

津田　耕一（つだ　こういち）（関西福祉科学大学社会福祉学部教授：第2章1・3，第8章3（1），第11章2）

中島　裕（なかじま　ゆたか）（関西福祉科学大学社会福祉学部准教授：ワンポイントアドバイス3・4）

御前由美子（みさきゆみこ）（関西福祉科学大学社会福祉学部准教授：第2章2）

＊橋本有理子（はしもとゆりこ）（関西福祉科学大学社会福祉学部教授：第3章，第5章6（2）〜（5），第8章4，巻末資料，ワンポイントアドバイス21〜25）

出口　聖人（でぐち　まさと）（関西福祉科学大学社会福祉学部助教：第4章2，第9章1）

山本　弘志（やまもと　こうじ）（障害者・児生活支援センターあっぷる所長代行：ワンポイントアドバイス6・16・26・27）

寶田　玲子（ほうだ　れいこ）（関西福祉科学大学社会福祉学部教授：第4章3，第8章1，第11章1）

松本　昇（まつもと　のぼる）（グループホーム慈泉庵施設長：ワンポイントアドバイス9・12・30・38）

＊小口　将典（おぐち　まさのり）（関西福祉科学大学社会福祉学部准教授：第5章1，第7章1・3，巻末資料，ワンポイントアドバイス15・29・36・39・40）

髙井　裕二（たかい　ゆうじ）（関西福祉科学大学社会福祉学部助教：第5章2・3・5，第10章2〜4，巻末資料）

遠藤和佳子（えんどうわかこ）（関西福祉科学大学社会福祉学部教授：第5章4）

＊都村　尚子（つむら　なおこ）（関西福祉科学大学社会福祉学部教授：第5章6（1），第8章2，巻末資料，ワンポイントアドバイス17・35・37・41）

葛尾　美咲（かずらお　みさき）（母子生活支援施設ボ・ドーム大念仏母子支援員：ワンポイントアドバイス19・28・33・42）

成清　敦子（なりきよ　あつこ）（関西福祉科学大学社会福祉学部教授：第6章）

種村理太郎（関西福祉科学大学社会福祉学部講師：第7章2・3，第10章1・2）

＊柿木志津江（関西福祉科学大学社会福祉学部准教授：第8章3（3），第11章3，巻末資料，ワンポイントアドバイス10・34・44〜46）

村小百合（関西福祉科学大学社会福祉学部准教授：第9章2・3）

■イラスト

髙山　愛（2021年度関西福祉科学大学社会福祉学部卒業生）

■実習関連シート無料進呈のご案内

　実習に際し必要となる実習関連シート（コンピテンシーシート／目標設定シート／実習計画書／実習記録／ジェノグラム・エコマップ作成シート／ICF分析シート／リフレーミング表／課題の整理表／支援計画／地域支援活動シート）を，ご希望の方に進呈いたします。ご希望の方は，ご所属先・お名前をご明示の上，ご所属先のメールアドレスにて下記までご連絡下さい。

■宛　先

〒607-8494

京都市山科区日ノ岡堤谷町1

株式会社ミネルヴァ書房

編集部　音田　潔

e-mail：ed3@minervashobo.co.jp

ソーシャルワーク実習ハンドブック

2022年5月30日　初版第1刷発行　　　　　　　　　　　〈検印省略〉

定価はカバーに
表示しています

編　者　　関西福祉科学大学社会
　　　　　福祉実習教育研究会

発 行 者　　杉　田　啓　三

印 刷 者　　江　戸　孝　典

発行所　株式会社　ミネルヴァ書房

607-8494 京都市山科区日ノ岡堤谷町1
電話代表　(075)581-5191
振替口座　01020-0-8076

ISBN978-4-623-09384-7
Printed in Japan